高职经管类精品教材

Excel 2010 在企业会计核算中的应用

夏金平　杨　蕾　编著

中国科学技术大学出版社

内 容 简 介

本书内容包括2篇。第1篇,Excel 2010基本技能操作训练。这部分主要是介绍Excel 2010的界面、功能、常用的函数,以及数据的排序、筛选和汇总。第2篇,利用Excel 2010设置会计核算系统。这部分主要是介绍如何应用Excel进行会计核算模板的设计。内容包括:工资系统的建立,企业会计信息的基础设置,经济业务的输入,记账凭证模板的设计,账簿模板的设计和财务报表的编制。

本书可供会计专业、财务管理专业、会计电算化等专业的学生学习及参考使用。

图书在版编目(CIP)数据

Excel 2010在企业会计核算中的应用/夏金平,杨蕾编著. —合肥:中国科学技术大学出版社,2018.2
ISBN 978-7-312-04378-9

Ⅰ. E⋯ Ⅱ. ①夏⋯ ②杨⋯ Ⅲ. 表处理软件—应用—企业会计 Ⅳ. F275.2-39

中国版本图书馆CIP数据核字(2017)第314988号

出版　中国科学技术大学出版社
　　　安徽省合肥市金寨路96号,230026
　　　http://press.ustc.edu.cn
　　　https://zgkxjsdxcbs.tmall.com
印刷　安徽省瑞隆印务有限公司
发行　中国科学技术大学出版社
经销　全国新华书店
开本　787 mm×1092 mm　1/16
印张　10.5
字数　269千
版次　2018年2月第1版
印次　2018年2月第1次印刷
定价　28.00元

前　　言

　　随着信息化的加快发展和大数据时代的来临,传统手工核算将被淘汰,会计电算化成为会计核算的主要工作方式。会计电算化需要企业购买专业会计处理软件,对小微企业而言,这将耗费大量的财力,且专门软件公司开发的会计处理软件,不一定适应小微企业的经济活动特点。因此,对许多企业来说,使用电子表格软件进行会计核算,显得尤为重要。

　　Microsoft Excel 电子表格是功能非常强大的专门数据处理软件,拥有丰富的函数和众多的分析工具。其在数据处理、建立模块等方面具有独特的优势。然而,企业在应用 Excel 软件时,多将其作为一种简单的表格处理工具,在会计核算与管理功能方面应用极其有限。本书正是针对这个问题,通过任务提出—任务解决的方式,全面介绍 Excel 电子表格的各选项卡的功能。通过应用函数和分析工具,设计会计核算的模板,实现小微企业会计核算的电算化。Microsoft Excel 版本较多,目前应用较多的是 Excel 2010 版本,因此本书是以 Excel 2010 版本为基础进行分析的。

　　本书内容包括两大部分:

　　第1篇,Excel 2010 基本技能操作训练。这部分主要是介绍 Excel 2010 的界面、功能、常用的函数,以及数据的排序、筛选和汇总。熟练掌握这部分内容,将为第2篇会计核算系统的设计打下坚实的基础。

　　第2篇,利用 Excel 2010 设置会计核算系统。这部分主要是介绍如何应用 Excel 进行会计核算模板的设计。内容包括:工资系统的建立,企业会计信息的基础设置,经济业务的输入,记账凭证模板的设计,账簿模板的设计和财务报表的编制。

　　本书的特色主要体现在:

　　首先,实践性强。本书的知识按照任务提出—任务解决的形式组织,有利于启发学生思考,提高学生解决实际问题的能力。

　　其次,突破性强。市面上的相关教材,多是介绍利用 Excel 的汇总功能去辅助企业的会计核算工作,实质上,企业会计核算的方式仍然是手工账,Excel 电子表格只是作为企业手工账的辅助工具;本书以 Excel 电子表格为工具,设置会计核算模板,实现会计核算的电算化。

　　最后,通用性强。通过学习本书对会计核算思路的设计和模板的设置,不仅有利于加强学生对会计知识的理解，而且强化了学生对 Excel 一般功能的应用，为学生将来在工作岗位中应用 Excel 电子表格处理数据打下了坚实基础。

为了写好这本书，我们付出了很多的努力，不仅请教了许多专家，同时它也是编者多年企业工作经验、成果的凝聚。尽管如此，本书仍难免有不妥之处，希望读者提出建议。

杨蕾老师负责编写第 1 篇，夏金平老师负责编写第 2 篇。这里，特别感谢吴畅怀老师为本书写作提供的宝贵建议。

如果您有好的建议，请及时提供给我们，主编的邮箱是：3169728522@qq.com。

编　者

2018 年 1 月

目　　录

前言 ………………………………………………………………………………（ⅰ）

第1篇　Excel 2010 基本技能操作训练 ………………………………………（1）

学习任务1.1　认识 Excel 2010 窗口界面 ……………………………………（1）
1.1.1　Excel 的启动与关闭 …………………………………………………（1）
1.1.2　Excel 的窗口界面 ……………………………………………………（2）

学习任务1.2　认识 Excel 常见错误信息 ……………………………………（4）

学习任务1.3　工作簿、工作表以及单元格的操作及设置 …………………（5）
1.3.1　工作簿 …………………………………………………………………（5）
1.3.2　工作表 …………………………………………………………………（5）
1.3.3　单元格 …………………………………………………………………（16）

学习任务1.4　数据的输入、编辑及保护 ………………………………………（20）
1.4.1　数据的输入 ……………………………………………………………（20）
1.4.2　数据编辑 ………………………………………………………………（30）

学习任务1.5　数据的处理 ………………………………………………………（51）
1.5.1　利用图表进行数据分析 ………………………………………………（51）
1.5.2　数据排序 ………………………………………………………………（58）
1.5.3　数据筛选 ………………………………………………………………（61）
1.5.4　利用分类汇总对数据进行汇总 ………………………………………（65）
1.5.5　利用条件求和函数进行汇总 …………………………………………（69）
1.5.6　利用合并计算进行汇总 ………………………………………………（72）
1.5.7　利用数据透视对数据汇总 ……………………………………………（75）

第2篇　利用 Excel 2010 设置会计核算系统 …………………………………（79）

学习任务2.1　设置工资核算系统 ………………………………………………（79）
2.1.1　新建 Excel 2010 工作簿 ……………………………………………（80）
2.1.2　完善各工作表原始数据的输入 ………………………………………（80）
2.1.3　计算员工各项工资,并统计各员工应发工资与实发工资 …………（83）

学习任务2.2　设置序时账格式并填入序时账数据 …………………………（96）

2.2.1　进行基础设置 ……………………………………………………（99）
　　2.2.2　输入序时账 ………………………………………………………（104）
学习任务 2.3　设置标准格式的记账凭证模板 …………………………………（111）
　　2.3.1　绘制记账凭证格式 ………………………………………………（111）
　　2.3.2　设置记账凭证模板，实现序时账数据的自动导入 ……………（112）
学习任务 2.4　查询记账凭证 ……………………………………………………（122）
学习任务 2.5　打印记账凭证 ……………………………………………………（123）
学习任务 2.6　设置明细账模板并登记明细账 …………………………………（124）
　　2.6.1　设置明细账簿的格式 ……………………………………………（124）
　　2.6.2　根据经济业务，输入序时账数据 ………………………………（124）
　　2.6.3　设置明细账模板函数 ……………………………………………（126）
　　2.6.4　查询账簿 …………………………………………………………（130）
　　2.6.5　打印账簿 …………………………………………………………（132）
学习任务 2.7　设置总账模板并登记总账 ………………………………………（132）
　　2.7.1　绘制总账格式 ……………………………………………………（132）
　　2.7.2　计算和复制科目汇总结果 ………………………………………（133）
　　2.7.3　进行模板函数设置 ………………………………………………（135）
　　2.7.4　总账查询 …………………………………………………………（138）
　　2.7.5　总账打印 …………………………………………………………（139）
学习任务 2.8　编制资产负债表 …………………………………………………（139）
　　2.8.1　对第四季度账户发生额进行科目汇总 …………………………（141）
　　2.8.2　设置资产负债表函数及公式，建立资产负债表模板 …………（145）
学习任务 2.9　编制第四季度利润表 ……………………………………………（150）
　　2.9.1　绘制利润表格式 …………………………………………………（151）
　　2.9.2　定义公式，设置利润表模板 ……………………………………（151）
　　2.9.3　得到第四季度利润表 ……………………………………………（153）
学习任务 2.10　编制第四季度现金流量表 ……………………………………（154）
　　2.10.1　绘制利润表格式 …………………………………………………（154）
　　2.10.2　定义公式，设置现金流量表模板 ………………………………（156）

参考文献 ………………………………………………………………………（160）

第 1 篇　Excel 2010 基本技能操作训练

 理论学习目标

1. 认识 Excel 的窗口界面。
2. 认识 Excel 的常见错误信息。
3. 对工作簿以及单元格的操作及设置。
4. 学会各基本函数，了解其参数的意义。
5. 学会对数据进行综合处理。
6. 学会插入各种类型图表，进行数据汇总。
7. 学会分类汇总、插入数据透视等汇总方式，进行数据汇总。

 操作能力目标

1. 能在 Excel 2010 窗口界面、各选项卡功能中找到需要应用的命令。
2. 能应用图表功能，对实际数据进行分析比较。
3. 能应用恰当的函数，解决各种实际问题。
4. 能对数据按案例要求进行排序、筛选。
5. 能恰当选择分类汇总、合并计算和数据透视对数据进行汇总。

学习任务 1.1　认识 Excel 2010 窗口界面

1.1.1　Excel 的启动与关闭

1. Excel 的启动

Excel 的启动有两种典型方式：

（1）在桌面上单击鼠标右键，选择新建菜单，在弹出的级联菜单中单击"Microsoft Excel 2010"。这样启动的 Excel 工作簿自动保存在桌面上，需要编辑时直接双击打开。

（2）在 Windows 任务栏上选择"开始"→"所有程序"→"Microsoft office"→"Microsoft office Excel 2010"，启动 Excel 应用程序。

2. Excel 的关闭

在退出 Excel 之前，需要先保存文件，如果没有保存，会在关闭时弹出提示窗口。保存

后,关闭 Excel 程序的方法有以下几种:

方法一:直接点击窗口右上角的"关闭"按钮。

方法二:单击 Excel 窗口"文件"→"退出"。

方法三:双击 Excel 应用程序窗口左上角的"Excel"图标。

方法四:在 Excel 窗口活动前提下,按下"Alt"+"Shift"组合键。该方法能关闭一切当前活动程序。

1.1.2　Excel 的窗口界面

启动 Excel 程序,其主界面如图 1.1.1 所示。

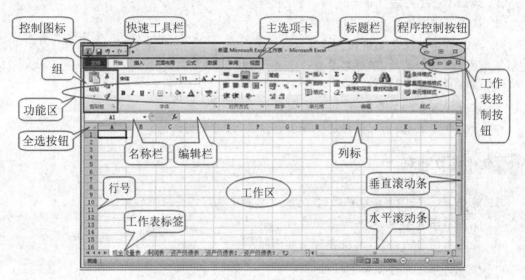

图 1.1.1　Excel 2010 主窗口界面

1. 标题栏

标题栏位于整个窗口的最上方。

控制图标:标题栏最左边是 Excel 的控制图标,双击"控制图标"可以直接关闭 Excel 应用程序,单击或者右击控制图标,将弹出快捷菜单。

快速工具栏:控制图标的右边是快速访问工具栏,鼠标定位在快速工具栏附近,单击右键,可以选择"自定义快速访问工具栏"命令,添加常用的工具按钮,也可以选择"从快速访问工具栏删除",如图 1.1.2 所示。

程序控制按钮:包括最大化、最小化和退出 Excel 应用程序窗口三个按钮。

工作簿控制按钮:包括最大化、最小化和退出当前工作簿三个按钮。退出时只退出当前工作簿,不会退出 Excel 应用程序。

2. 主选项卡

主选项卡位于标题栏下方,包括"文件""开始""视图""插入""页面设置""公式""审阅""开发工具"等主选项卡,各主选项卡中含有一组相应的工具按钮集合,每个选项卡包含不同的组,构成了功能区。

在功能区处单击鼠标右键,可以选择"添加到快速访问工具栏",也可以选择"自定义功能区",如图 1.1.3 所示。

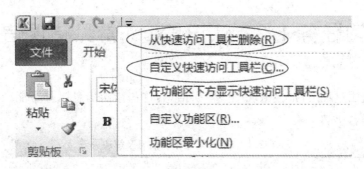

图 1.1.2　自定义快速访问工具栏

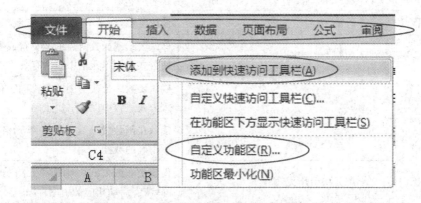

图 1.1.3　添加组

3. 名称框与编辑栏

名称框与编辑栏并在一排,左边是名称框,用来定义单元格或单元格区域;右边是编辑栏,也叫公式栏,可以在此输入单元格的内容,如公式、文字或数据等。名称框和编辑栏中间是函数按钮 f_x,单击它可以启动插入函数对话框。

4. 滚动条与工作表标签

工作区的右边与下面有滚动条,用来翻动工作表中的内容。在图 1.1.1 中,窗口下方的"现金流量表""利润表"和"资产负债表"是工作表的名称,是将系统默认的工作表标签"Sheet1、2、3"名称更改而成的。单击工作表标签可以选定工作表,实现在不同工作表之间的切换。系统默认的 Excel 程序自动带有 3 个工作表,如需要增加工作表,可以右击其中一个工作表标签,然后点击"增加"即可,这种方法增加的是本工作簿中的工作表数。也可以通过点击"文件"→"选项"→"常规"→"新工作簿内的工作表数(S)：3",在该提示框中输入需要的工作表标签数。这种方法修改的是启动 Excel 应用程序时系统默认的工作表数。

5. 工作区

中间最大的区域称为工作区,是放置表格内容的地方。工作区上面的 A、B、C……是列标,工作区左边的 1、2、3……是行号。工作区左上角列标和行号的交叉方块是全选按钮,单击它可以选中当前工作表的全部单元格,效果相当于快捷键"Ctrl"+"A"。

学习任务 1.2　认识 Excel 常见错误信息

Excel 在使用过程中,常会出现一些错误信息,这些错误信息以及可能产生的原因和解决办法如表 1.2.1 所示。

表 1.2.1　Excel 常见错误信息及解决办法

错误信息符号	原因	常用解决办法
#####	输入单元格的内容过长,内容溢出	拉宽单元格
#DIV/0!	除溢出	修改除数,使其不为 0 或者空格
#VALUE!	数据类型错误	修改公式或函数所需的运算符或参数,且使公式引用单元格中包含有效数值
#NAME?	名称错误	确认函数或公式引用的名称确实存在,输入公式过程中保证引用正确
#N/A	在公式或函数中没有可用数值	确认在函数或公式引用的单元格中输入了正确的数据
#REF!	单元格引用无效	检查函数或公式引用的单元格是否被删除,或者启动相应的引用程序
#NUM!	公式或函数中引用的数据不合要求,太大或者太小	检查数字是否超出相应限定区域,并确认函数内使用的参数都正确
#NULL!	为两个并不相交的区域指定交叉点时出现	如果引用两个并不相交区域,要使用联合运算符号;使用交叉运算符时,则重新选择函数或公式中引用区域,使两个区域保证有交叉

为了尽快找出公式中出现的错误,还可以按照以下办法进行检查:
(1) 检查圆括号是否成对出现,符号是否在英文半角下输入。
(2) 检查是否输入了所有必选的项数。
(3) 检查嵌套函数的输入是否超出等级。
(4) 检查引用的工作簿或工作表名称中包含非字母字符时是否用单引号引起来。
(5) 检查每一个外部引用包含的工作簿名称及路径是否正确。
(6) 检查在公式中输入数字时是否设置了相应格式。

学习任务 1.3　工作簿、工作表以及单元格的操作及设置

1.3.1　工作簿

工作簿是 Excel 环境中用来储存并处理工作数据的文件。Excel 文档就是工作簿,它是 Excel 工作区中一个或多个工作表的集合,一个工作簿中最多可建立 255 个工作表,每个工作表可以有自己独自的数据。

1. 新建工作簿

打开 Excel 应用程序,系统会自动生成一个工作簿,名称默认为 Book1,如果存储路径上已有名为 Book1 的工作簿,其默认名称依次取为 Book2、Book3 等,工作簿的扩展名为".xlsx"。系统默认名称可以根据需要进行更改,比如"资产负债表.xlsx""利润表.xlsx"等。

2. 保存工作簿

单击"文件"选项卡,点击"保存",工作簿通过默认路径保存,需要更改保存路径的,点击"另存为",选择需要的存储路径,输入工作簿名称即可。

3. 关闭工作簿

选择"程序控制按钮"中的关闭按钮,退出 Excel 程序,同时关闭该工作簿。

1.3.2　工作表

工作表是 Excel 中用于存储和处理数据的文档,由单元格组成,显示在工作簿的窗口中。每个 Excel 工作簿,原始默认自动建立三个工作表,工作表的默认名称分别是 Sheet1、Sheet2 和 Sheet3。工作表的名称显示于工作簿窗口底部的工作表标签上。

1. 选择工作表

单击某工作表标签,使该工作表处于当前活动状态。

2. 复制和移动工作表

(1) 复制工作表

按住"Ctrl"键,鼠标左键点击要复制的工作表,拖动到要放置的位置处,即可复制该工作表。注意,复制的工作表名称,默认为原工作表名称加序号。

(2) 移动工作表

在同一工作簿中移动工作表,用鼠标点击拖动至放置位置处即可。在不同的工作簿中移动工作表,可以按照如下步骤进行:

① 点击菜单"编辑",或者鼠标右击要移动工作表的标签,从弹出的提示框中选择"移动或复制工作表(M)…"命令,如图 1.3.1 所示。

② 或者选择"开始"选项卡中的"格式"工具按钮,选择"移动或复制工作表(M)…"命令,

如图 1.3.2 所示,弹出"移动或复制工作表"提示框,如图 1.3.3 所示。

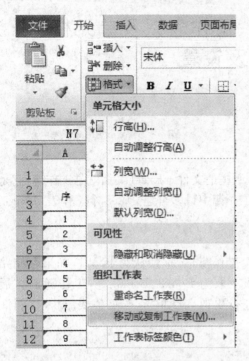

图 1.3.1 右击工作表标签出现的提示框

图 1.3.2 点击"格式"弹出的提示框

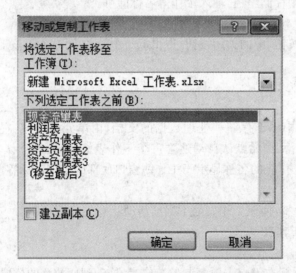

图 1.3.3 "移动或复制工作表"提示框

③ 在"工作簿(T)"中选择工作表将要移至的工作簿名称。

④ 在"下列选定工作表之前(B)"中,选择复制的工作表将要存放的位置。

⑤ 选中"建立副本(C)",表明是复制操作,如果不选中"建立副本(C)",表明是移动工作表操作。

⑥ 单击"确定",完成操作。

3. 插入或删除工作表

（1）插入工作表

单击"开始"选项卡→"插入"工具按钮，在弹出的提示框中选择"插入工作表"，即可插入一个新的工作表，如图1.3.4所示。

鼠标右击某一工作表的标签，在弹出的提示框中选择"插入"命令，如图1.3.5所示。在弹出的对话框中选择"工作表"，如图1.3.6所示，则在该工作表的左边插入了一个新的工作表。

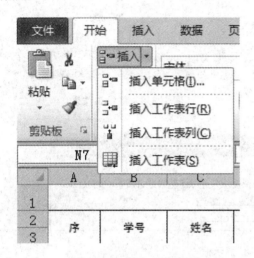
图1.3.4　插入工作表

图1.3.5　插入工作表

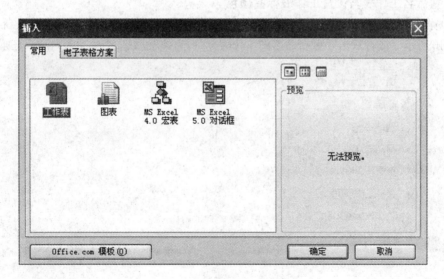
图1.3.6　"插入"对话框

（2）删除工作表

选择"开始"选项卡→"删除"按钮，在弹出的提示框中选择"删除工作表"，如图1.3.7所示。或者用鼠标右键单击要删除的工作表标签，如图1.3.8所示，在弹出的对话框中点击"删除"命令，如图1.3.9所示。

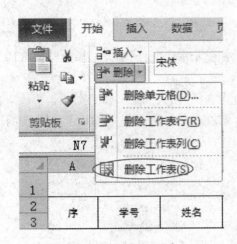
图1.3.7 删除工作表

图1.3.8 删除工作表

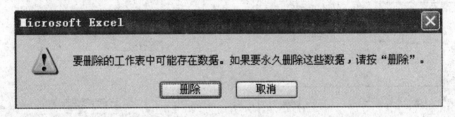
图1.3.9 "删除"提示框

4. 重命名工作表与设置工作表标签颜色

（1）将鼠标移动至要重命名的工作表标签，单击右键，点击"重命名"，直接输入新名称，如图1.3.10所示。或者双击要重新命名的工作表标签，直接输入新名称，如图1.3.11所示。

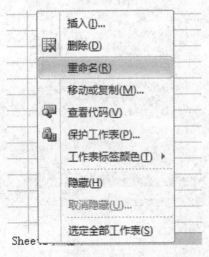

图1.3.10 通过快捷菜单重命名工作表　　　　图1.3.11 通过双击重命名工作表

（2）修改工作表标签颜色。鼠标右键单击工作表标签，在弹出的快捷菜单中点击"工作表标签颜色"命令，如图1.3.12所示，然后在弹出的调色板中选择颜色，单击"确定"，完成设置。

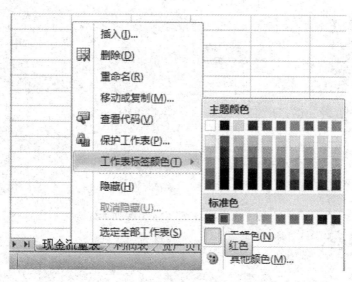

图 1.3.12　修改工作表标签颜色

5. 页面设置与查看窗口

(1) 页面设置

页面设置通常在打印工作表时使用,通过设置页面,使工作表的的各列容纳在一张纸面上。如果列的内容不太多,打印时可以将纸张竖排;如果列内容较多,可以将纸张横排。图 1.3.13 所示是一张学生信息表(注:本书中的个人信息均为虚拟信息)。

学号	姓名	性别	班级	专业	系列	性质	学历
			学生信息表				
081301	汪芳姿	女	08-13班(高职)	电子商务	物流系	秋招	大专
081302	汪雅娟	女	08-13班(高职)	电子商务	物流系	秋招	大专
081303	李广卫	女	08-13班(高职)	电子商务	物流系	秋招	大专
081304	秦锦亮	女	08-13班(高职)	电子商务	物流系	秋招	大专
081306	苏梦瑶	女	08-13班(高职)	电子商务	物流系	秋招	大专
081307	徐春娟	女	08-13班(高职)	电子商务	物流系	秋招	大专
081308	徐超	女	08-13班(高职)	电子商务	物流系	秋招	大专
081311	张权	男	08-13班(高职)	电子商务	物流系	秋招	大专
081312	李从东	女	08-13班(高职)	电子商务	物流系	秋招	大专
081313	叶自晨	男	08-13班(高职)	电子商务	物流系	秋招	大专
081314	沈娜琳	女	08-13班(高职)	电子商务	物流系	秋招	大专
081315	张敏	男	08-13班(高职)	电子商务	物流系	秋招	大专
081316	刘传鹏	女	08-13班(高职)	电子商务	物流系	秋招	大专
081318	袁花	女	08-13班(高职)	电子商务	物流系	秋招	大专
081319	李蕾	女	08-13班(高职)	电子商务	物流系	秋招	大专
081320	梁媛	女	08-13班(高职)	电子商务	物流系	秋招	大专
081321	李红艳	女	08-13班(高职)	电子商务	物流系	秋招	大专
081322	陈瑜婷	男	08-13班(高职)	电子商务	物流系	秋招	大专
081323	高琴	男	08-13班(高职)	电子商务	物流系	秋招	大专
081324	余双燕	女	08-13班(高职)	电子商务	物流系	秋招	大专

图 1.3.13　未经整理的学生信息表

该表共八列,列宽未调,此时,各列无法容纳在一张竖排的 A4 纸上,需要通过页面设置调整页边距。

具体步骤如下:

① 点击"页面布局"选项卡,点击"页面设置"右下角的按钮,如图 1.3.14 所示,弹出"页面设置"对话框,如图 1.3.15 所示。

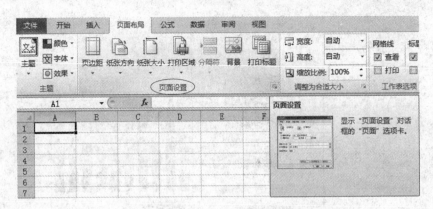

图 1.3.14　打开"页面设置"对话框

图 1.3.15　"页面设置"对话框

② 在"页面设置"对话框中选择"页面"→"方向"→"横向"。选择"页边距",填写合适的页眉、页脚、上下和左右边距,比如:上、下页边距各为 1.5,左、右页边距各为 0.5,页眉、页脚各为 1.3,然后选择居中方式,如图 1.3.16 所示。

③ 选择"页眉/页脚",如图 1.3.17 所示。

单击"自定义页眉"按钮,弹出对话框,如图 1.3.18 所示,在"左"对话框中输入内容,则页眉显示内容靠页面左端;在"中"对话框中输入内容,则页眉在页面中间显示;在"右"对话框中输入内容,则页眉在页面右端显示。页脚定义同页眉定义。

注意,在图 1.3.18 中,三个对话框:"左"、"中"、"右"功能一致,只是表示不同的显示位置。比如,如果在"左"对话框输入页眉的内容,则在打印的页面上,页眉位于纸张左侧显示。

④ 选择"工作表"选项卡,如图 1.3.19 所示。

单击"打印标题"→"顶端标题行"右侧的"拾取"按钮,在工作表中拖动鼠标,选择需要的行,比如 1～2 行。单击"左端标题列"右侧的"拾取"按钮,在工作表中拖动鼠标,选择需要的列,比如第 1 列,如图 1.3.20 所示。

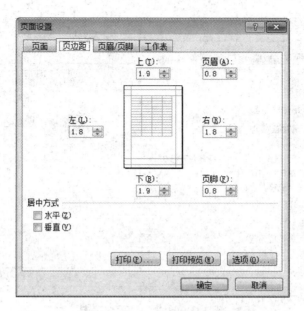

图 1.3.16 "页边距"选项卡

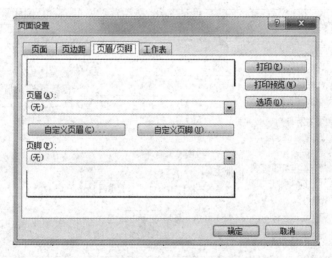

图 1.3.17 "页眉/页脚"选项卡

图 1.3.18 页眉定义对话框

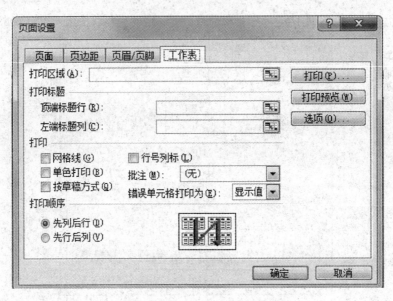

图 1.3.19 "工作表"选项卡

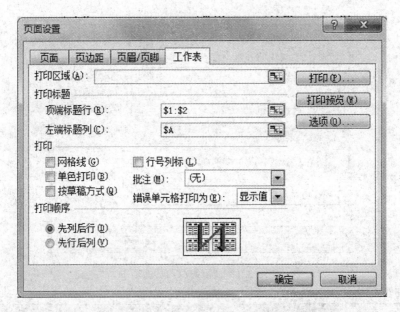

图 1.3.20 "工作表"选项卡填写

⑤ 在选项卡中"打印区域"的右侧，单击"拾取"按钮，在工作表中拖动鼠标，选择需要打印的区域，单击"确定"按钮，然后进行打印。

(2) 工作表窗口查看

对于较大的表格，由于屏幕的限制看不到全部的内容，但我们有时需要在同一屏幕中看到相距很远的单元格，或者我们需要同时看到两个或两个以上的工作表，这时我们就需要对窗口进行拆分或者对窗口进行重新排列了。

① 窗口拆分。

鼠标左键单击工作表工作区域右下角的水平分隔条不放，如图 1.3.21 所示，往下拖，即可看到拆分后的上、下两个窗口,如图 1.3.22 所示。通过垂直滚动条在两个窗口中都能看到当前工作表的全部。用同样的方法也能垂直拆分工作表,如图 1.3.23 所示。将分割线拖回原处,可还原成一个窗口。

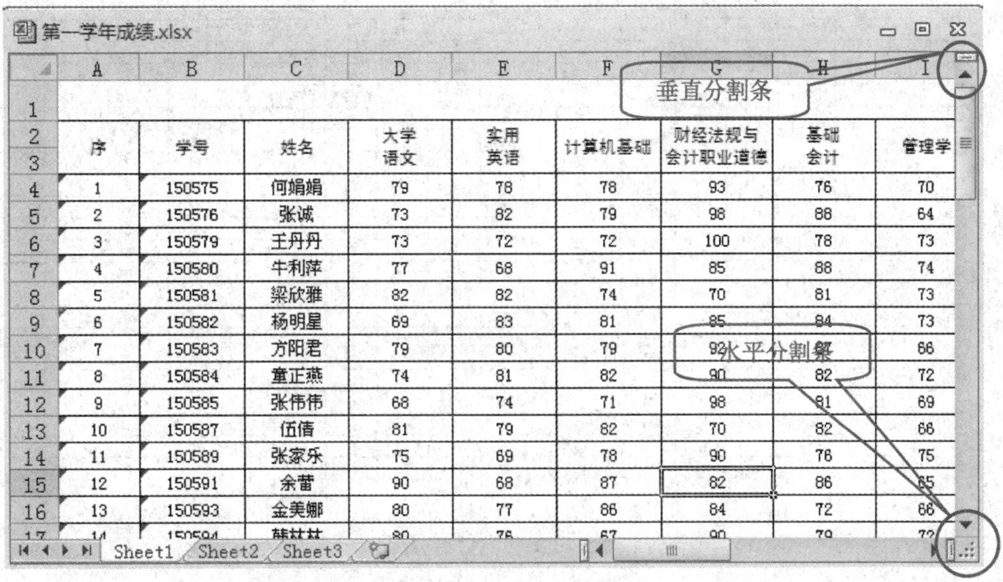

图 1.3.21　水平、垂直分隔条

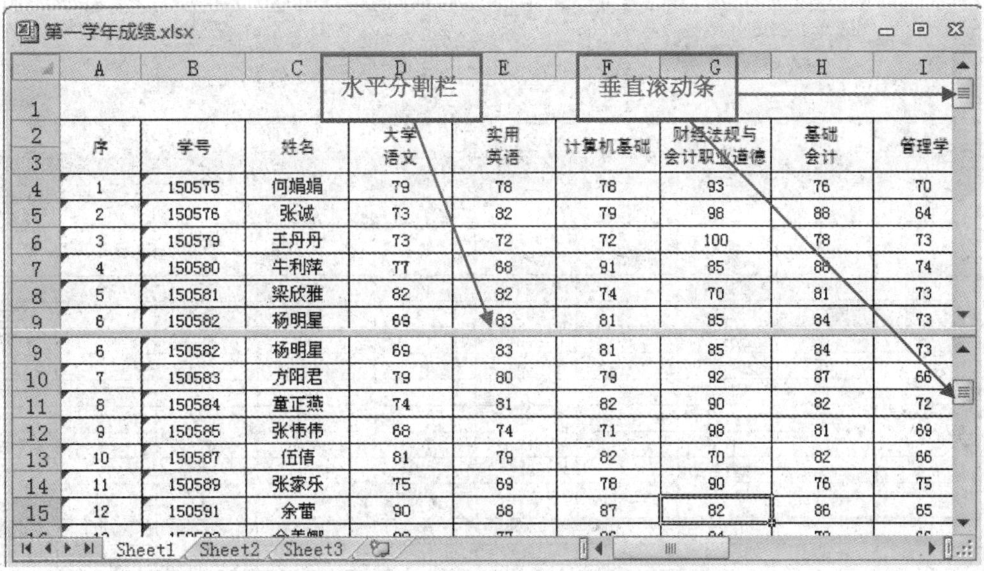

图 1.3.22　水平拆分窗口

或者点击工作表中的某一个单元格,如 G12,然后点击"视图"选项卡→"窗口"组→"拆分"工具按钮,完整的工作表就在 G12 单元格左上角处被分成上、下、左、右四个部分,可以分别查看,如图 1.3.24 所示。再次点击"拆分",则恢复到一个完整的工作表。

② 重排。

单击"视图"选项卡→"全部重排",弹出"重排窗口"对话框,点击其中一种方式,比如"垂直并排",如图 1.3.25 所示,则可以实现在同一窗口查看多个工作表,如图 1.3.26 所示。

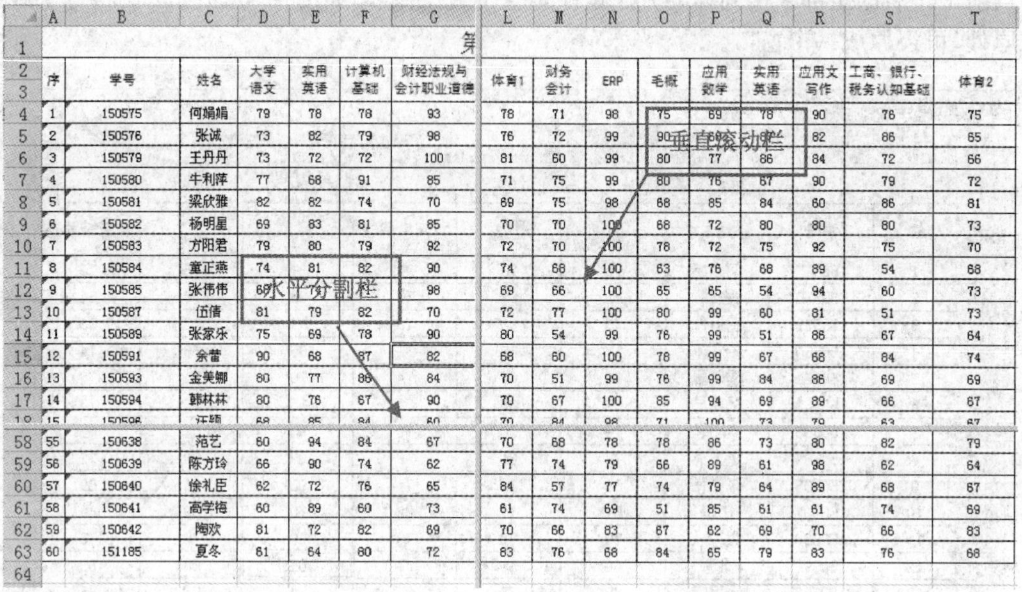

图 1.3.23　窗口拆分后

图 1.3.24　定位某个单元格"拆分"工作表

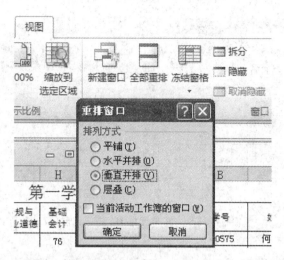

图 1.3.25 "重排窗口"对话框

图 1.3.26 可以同时查看两个工作表

③ 冻结窗口。

当数据比较多时,可以使用"冻结窗口"功能来独立地显示并滚动工作表中的不同部分,方便数据的查看。选择某一单元格,然后点击"视图"选项卡→"冻结窗格"工具按钮,在弹出的菜单中选择命令"冻结拆分窗格",则冻结的部分是在此单元格所有上面的行和左边所有的列,如图 1.3.27 所示。选择单元格 D4 进行冻结,则可以冻结第 2、3 行的标题栏数据和 A、B、C 三列的数据。冻结后只需滚动工作表,就可以方便地查看数据,而不会因为数据太多忘记查看是谁的或者是哪一门的成绩了。

选择"视图"选项卡→"冻结窗口"→"取消冻结",则可回复工作表原始状态,如图 1.3.28 所示。

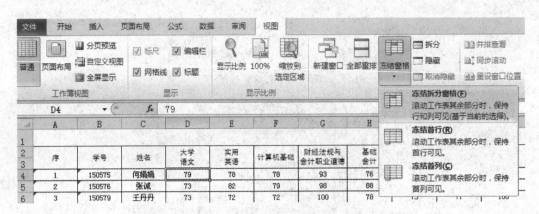

图 1.3.27　在单元格 D4 处冻结窗口

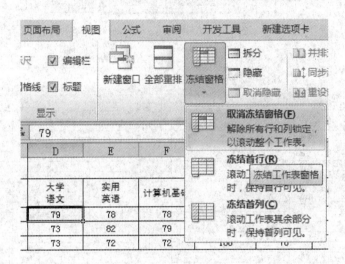

图 1.3.28　取消冻结

1.3.3　单元格

1. 单元格、活动单元格、单元格内容

单元格是 Excel 的最小单元,只能合并不能拆分。每个单元格最多可放 32000 个字符。每张工作表最多能包含 256 列、65536 行。行是以阿拉伯数字编号的(1,2,3,4,…,65536),列是以英文字母编号的(A,B,C,D,…,Z,AA,AB,…,IV)。每个单元格地址用列号与行号组合表示,如 C3,表示第 C 列、第 3 行相交处的单元格。每个单元格与唯一的地址一一对应。

活动单元格是指当前正在编辑的单元格,每个工作表中只有一个当前活动单元格,此时它的边框为黑线。

每个单元格中的内容主要为两大类:文本和数字(含时间和日期),此外还有逻辑值。

2. 表格区域

表格区域是指工作表中选定的矩形块。单元格区域又分为连续区域、合集区域、交集区域。图 1.3.29 表示连续区域。图 1.3.30 表示合集区域。图 1.3.31 表示交集区域。我们可以对区域进行各种各样的编辑，如拷贝、移动、删除等。

男	1990-06-02	物流系	10-02班
男	1990-06-29	商贸系	10-商贸红府班
男	1991-01-02	会计系	10-11班
男	1991-02-01	会计系	10-09班

图 1.3.29　连续区域

方明航	FMH	男	1990-06-02	物流系
舒展	SZ	男	1990-06-29	商贸系
周洋波	ZYB	男	1991-01-02	会计系
韦家骏	WJJ	男	1991-02-01	会计系
张建平	ZJP	男	1991-08-01	会计系
宋恒珍	SHZ	女	1991-08-14	商贸系
左健	ZJ	男	1991-10-15	物流系
宋云	SY	女	1991-12-03	商贸系
唐添	TT	男	1991-12-06	物流系
王进成	WJC	男	1992-01-19	电子信息系
胡键	HJ	男	1992-02-23	电子信息系
江雨	JY	男	1992-02-25	商贸系
左玫玫	ZMM	女	1992-06-11	会计系

图 1.3.30　合集区域

方明航	FMH	男	1990-06-02	物流系
舒展	SZ	男	1990-06-29	商贸系
周洋波	ZYB	男	1991-01-02	会计系
韦家骏	WJJ	男	1991-02-01	会计系
张建平	ZJP	男	1991-08-01	会计系
宋恒珍	SHZ	女	1991-08-14	商贸系
左健	ZJ	男	1991-10-15	物流系
宋云	SY	女	1991-12-03	商贸系
唐添	TT	男	1991-12-06	物流系
王进成	WJC	男	1992-01-19	电子信息系
胡键	HJ	男	1992-02-23	电子信息系

图 1.3.31　交集区域

3. 单元格以及单元格区域、行、列的选定

在选择若干单元格之后，会看到总有一个单元格与其他单元格不一样，它就是选择区域内的活动单元格。活动单元格一般为白底，其他单元格一般为浅蓝色。

选定单元格以及单元格区域、行、列的具体方法如下：

(1) 选定一个单元格。用鼠标单击相应单元格，或用键盘方向键移动选定。

(2) 选定某个单元格区域。单击欲选定区域的第一个单元格，然后拖动鼠标直至选定最后一个单元格；如果选定单元格区域较大，先选定一个单元格，然后按住"Shift"键，再单击欲选定区域最后一个单元格。

(3) 选定工作表中所有单元格。单击"全选"按钮，或者按"Ctrl"+"A"组合键。

(4) 选定不相邻的单元格或单元格区域。先选定第一个单元格或单元格区域，然后按住"Ctrl"键，再选定其他单元格或单元格区域。

(5) 选定整行。单击行号即可。

(6) 选定整列。单击列号即可。

(7)选定相邻的行或列。沿着行号或者列标拖动鼠标,或者先选定第一行或第一列,然后按住"Shift"键,再选定其他的行或列。

(8)选定不相邻的行或列。先选定第一行或第一列,然后按住"Ctrl"键,再选定其他的行或列。

4. 插入和删除单元格

在进行数据录入和计算时,需要插入和删除单元格。在插入和删除单元格时,可以单个进行,也可以整列或整行进行。

(1)插入行或列

选择待插入行临近行的一个单元格,此时该单元格所在的列标和行号均加粗显示。选择"开始"选项卡→"插入"工具按钮→"插入工作表行"或者"插入工作表列"命令,即可看到新插入一个空白行显示在选择行之上或者所要插入的列在选择单元格所在列之左。如图 1.3.32 所示。

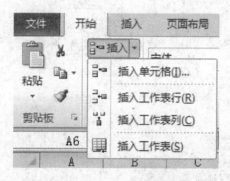

图 1.3.32 插入行或列

(2)插入单个单元格

插入单个单元格的操作并不多见,只有当某行或某列数据正好错位时,才会使用插入或删除单个单元格。具体方法是:

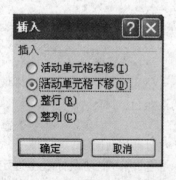

图 1.3.33 设定"插入单元格"选项

① 选择需要插入单元格的位置。

② 选择"开始"选项卡→"插入"工具按钮→"插入单元格"命令,弹出"插入"对话框,如图 1.3.33 所示,对话框中有四个选项,含义分别是:活动单元格右移——新插入的单元格占据当前单元格的位置,当前单元格则向右移动;活动单元格下移——同上,当前单元格下移;整行(或列)——相当于插入一行(或一列)。

③ 选择"活动单元格下移"。

④ 单击"确定",活动单元格全部下移。

(3)删除单个单元格

选择"开始"选项卡→"删除"工具按钮→"删除单元格"命令,如图 1.3.34 所示,弹出"删除"对话框,选择"下方单元格上移",则活动单元格被删除,活动单元格下方的单元格向上移。如果此时仅按"Del"键,只能删除单元格内容,不能删除单元格。

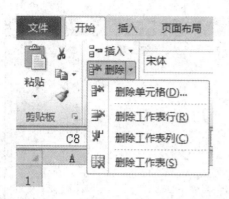 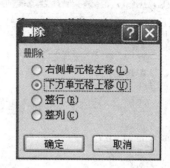

图 1.3.34　删除单元格

5. 合并和拆分单元格

选中要合并的单元格,然后单击鼠标右键,在弹出的菜单中,单击"设置单元格格式",如图 1.3.35 所示,弹出"设置单元格格式"对话框,或者选择"开始"选项卡→"格式"工具按钮→"设置单元格格式",如图 1.3.36 所示,同样弹出"设置单元格格式"对话框。在"设置单元格格式"对话框中选中"对齐"选项卡中"文本控制"里的"合并单元格",如图 1.3.37 所示,单击"确定"。或者选择"开始"选项卡→"对齐方式"组→"合并后居中"按钮,或者"合并单元格"按钮,如图 1.3.38 所示,也可以合并单元格。

 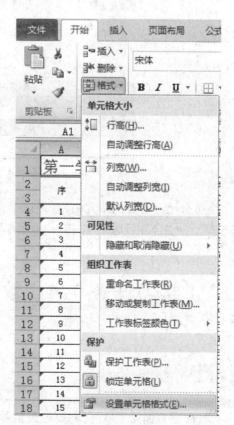

图 1.3.35　选中活动单元格,单击鼠标右键　　图 1.3.36　通过"格式"按钮选择"设置单元格格式"

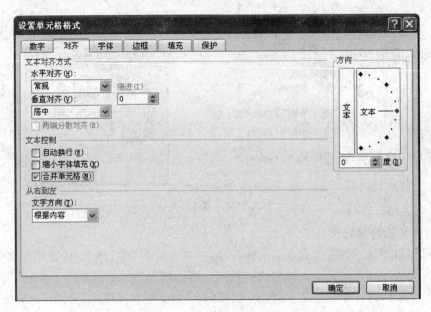

图 1.3.37 "设置单元格格式"对话框

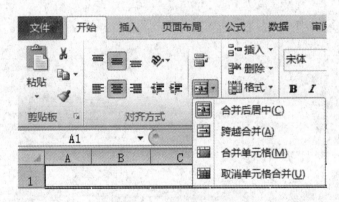

图 1.3.38 合并单元格

要拆分已经合并的单元格,首先选中合并的单元格,然后单击选择"开始"选项卡→"对齐方式"组→"合并后居中"按钮→"取消单元格合并"。

学习任务 1.4 数据的输入、编辑及保护

1.4.1 数据的输入

Excel 是数据处理软件,而要处理数据,首先要输入数据。Excel 中输入到单元格中的任何内容都是数据,包括字符、数值、日期、时间、文本、公式等。

1. 单元格数据的分类

图 1.4.1 是对单元格输入数据格式的设置。在工作区任意位置单击鼠标右键,在弹出的快捷菜单中,单击"设置单元格格式",弹出"设置单元格格式"对话框,或者选择"开始"选项卡→"格式"工具按钮→"设置单元格格式",亦能弹出"设置单元格格式"对话框,点击"数字"选项卡,就可设置该单元格输入的数据类型了。Excel 提供的数据类型如下。

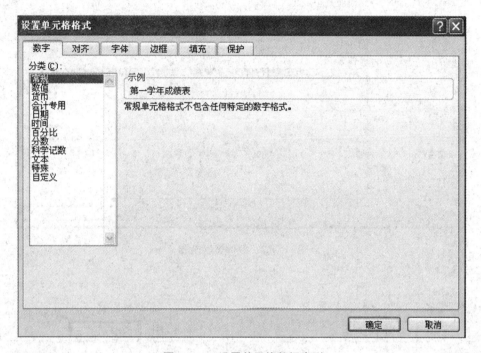

图 1.4.1 设置单元格数据类型

(1) 常规

常规格式是指输入的数据不包含任何特定的数字格式。系统会根据单元格内容,自动判断格式。比如输入 2014-8-19,系统会自动将其识别为日期类型;输入 123,系统会自动识别为数字。

(2) 数值

在单元格中,数据的类型只有是数值时,才能实行加减乘除的运算操作,如图 1.4.2 所示。

小数的位数可以自行设定,输入完数据后,系统会自动根据设定,保留小数的位数。在负数设定处,可选择输入负数的表现形式。

① 输入以 0 开始的数据。

我们输入以 0 开始的数据时,系统会自动去掉前面的 0,此时,可以在半角状态下,输入单引号,然后再输入以 0 开始的数据,如图 1.4.3 所示,结果如图 1.4.4 所示。

② 输入较长数字。

如数字长度较长,如身份证号码,如图 1.4.5 所示,系统会自动将其转换为科学计数法显示,如图 1.4.6 所示。将单元格输入数据格式设置为文本,或者输入数据时以英文引号开头,可解决此问题,如图 1.4.7 所示。

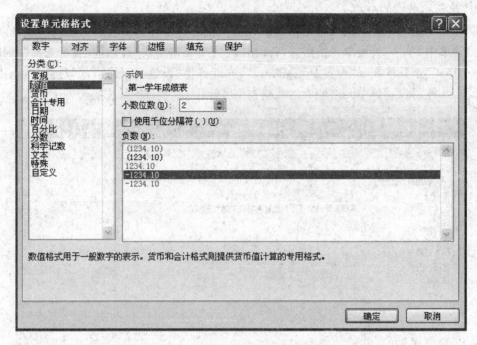

图 1.4.2　数值类型设置

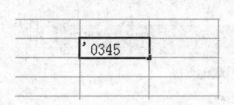

图 1.4.3　输入单引号

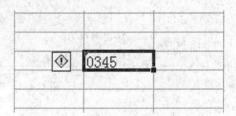

图 1.4.4　以 0 开始的数字

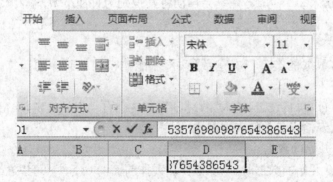

图 1.4.5　输入超长数字

③ 输入分数。

在文档中,分数的输入方式通常为"分子/分母",在 Excel 中日期的输入也是用斜杠来划分年月日的,比如"1/2",敲回车键显示"1 月 2 日"。为了避免两者混淆,在单元格中输入真分数时,要求先输入"0",其与分子之间要有一个空格符。比如在输入"1/2"

时,应该输入"0 1/2"。对于带分数,输入"8 1/2",单元格直接显示,但是在编辑栏中显示"8.5",如图 1.4.8 所示。

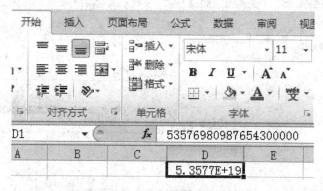

图 1.4.6　科学计数法显示超长数字

图 1.4.7　转为文本格式

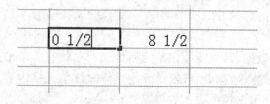

图 1.4.8　输入分数

④ 输入负数。

在单元格中输入负数时,直接输入"-"开始,也可将数字至于"()"中来表示,如在单元格中输入"(67)",按回车键,则自动显示"-67"。

（3）货币

Excel 几乎支持所有货币值的输入,如人民币、英镑等,如图 1.4.9 所示。选择货币格式,用户可以很方便地在单元格中输入各种货币值,Excel 会自动套用货币格式,在单元格中显示出来。

（4）输入日期和时间

Excel 是将日期和时间视为数字处理的,用户可以用多种格式来输入一个日期,如可以用斜杠"/"或者"-"来分隔日期中的年、月、日。只要我们输入的数据符合 Excel 的日期或时间格式,就会被 Excel 以日期或时间格式存储和显示。下列都是 Excel 接受的日期或时间格

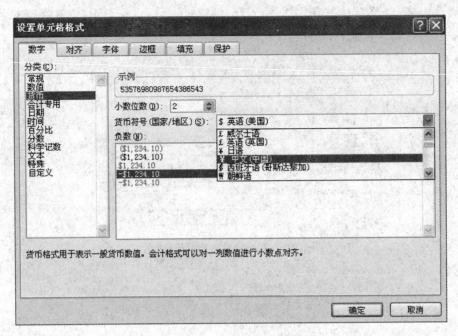

图 1.4.9 设置货币格式

式(括号中为单元格显示的内容)。

　　　　　12-31(12月31日)　2012/7/8(2012-7-8)　10:34(10:34)

如果在单元格中插入当前日期,可以按键盘上的"Ctrl"+";"组合键。

如果在单元格中插入当前时间,则可按"Ctrl"+"Shift"+";"组合键,再输入时间。

(5) 输入文本

Excel 单元格中的文本包括任何中外文文字或字母以及数字、空格和非数字字符的组合。每个单元格中最多可容纳 32000 个字符。

2. 输入单元格内容

要在单元格中输入数据,首先要使该单元格处于活动状态。单击或者双击该单元格,都能实现。单击单元格是输入数据,而双击单元格是修改该单元格内容。输入时,可以单击单元格直接输入,也可以在编辑栏中输入数据。

(1) 利用记录单输入数据

记录单可用来较为方便地输入大量数据,免除上、下、左、右移动行列之烦恼,尤其是可减少输入错误。

具体步骤如下:

先将"记录单"工具按钮添加到"快速访问工具栏"或者"自定义功能区"。

在功能区单击鼠标右键,在弹出的快捷菜单中选择"自定义快速访问工具栏"命令,如图 1.4.10 所示,弹出"Excel 选项"对话框→"快速访问工具栏"选项卡,在"从下列位置选择命令"的下拉按钮中选择"不在功能区的命令",在下方的命令列表中,找到"记录单",单击"添加"按钮,"记录单"即出现在右边"自定义快速访问工具栏"→"用于所有文档"的列表中,如图 1.4.11 所示,单击"确定"退出对话框后,在"快速访问工具栏"中出现"记录单"按钮,如图 1.4.12 所示。

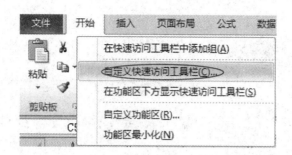

图 1.4.10　自定义快速访问工具栏

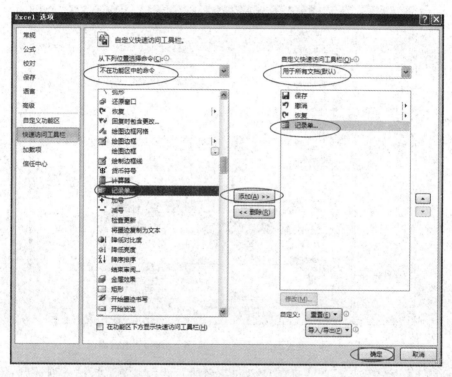

图 1.4.11　添加"记录单"命令至快速访问工具栏

图 1.4.12　"记录单"按钮

或者在功能区单击鼠标右键,在弹出的菜单中选择"自定义功能区",如图 1.4.13 所示,弹出"Excel 选项"对话框→"自定义功能区",在"从下列位置选择命令"的下拉按钮中选择"不在功能区的命令",在下方的命令列表中,找到"记录单",此时如果直接添加至主选项卡,会提示出错,如图 1.4.14 所示。在主选项卡列表中选择"新建选项卡",再"添加"即可,如图 1.4.15 所示。

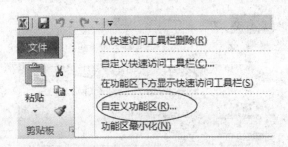

图 1.4.13　自定义功能区

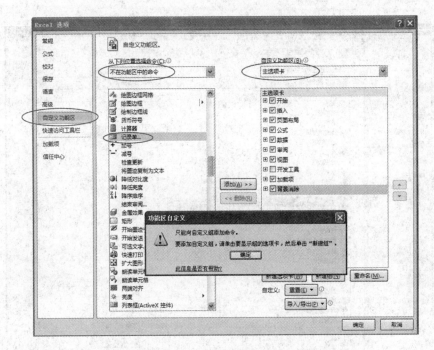

图 1.4.14　直接添加"记录单"按钮至"功能区"出错提示

在新的工作表中输入工作表标题,比如"花名册",然后在第二行输入列标题,比如"班级""姓名""学号""身份证号码"等。选中 A2 到 D2 区域,单击"新建选项卡"→"记录单",则弹出记录单窗口,如图 1.4.16 所示。

添加新的记录单:在图 1.4.16 所示的"记录单"对话框中,点击"新建"按钮,则出现各字段均空白的新建记录单。在记录单中输入各字段的值,输入完毕,单击"新建"按钮,即完成添加新记录。

修改或删除记录:在已经输入的记录单对话框上,点击"删除"按钮,即删除了该记录单。对某一字段内容进行修改,即可达到修改数据的目的。

(2) 利用填充柄进行快速输入

对某些有特定规律的数据,比如相同内容或者等差、等比数列,我们可以利用填充柄进行快速输入。

① 不含数字的文本的快速填充。

选中数据源,然后按住填充柄向下,或者任一方向连续拖动,直到到达需要填充的最后一个单元格,如图 1.4.17 所示。

图 1.4.15　新建选项卡添加"记录单"按钮至功能区

图 1.4.16　使用"记录单"添加数据

② 对含有数字内容的填充。

如果要填充的数据源中含有数字,则在填充时,数据源中的字符及文字保持不变,而数字系统会自动以步长为1(即等差为1)进行递增。如图1.4.18所示,源数据为"会计(1)

班",在填充时,系统自动生成"会计(2)班""会计(3)班"……,依次类推。

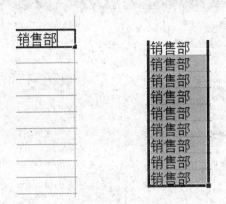

图 1.4.17 填充柄填充文档

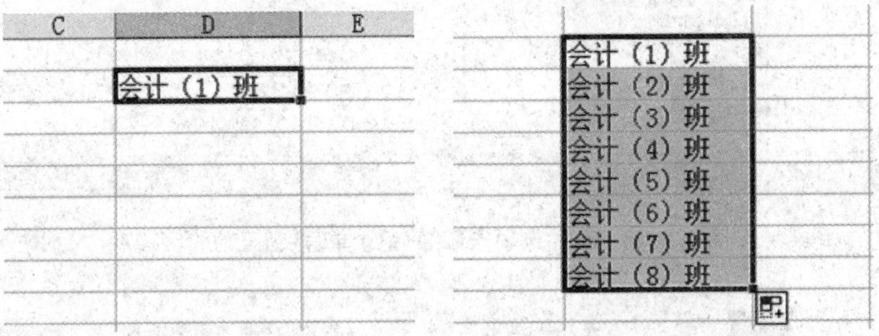

图 1.4.18 含有数字内容的填充

当数据源中只有数字时,直接填充,系统会默认为复制。

③ 序列填充。

鼠标右键选择单元格的源数据,右击"填充柄",拖动至需要位置放开,在弹出菜单中选择"序列"命令,如图 1.4.19 所示,弹出"序列"对话框。或者选择"开始"选项卡→"编辑"组→"填充"命令,在弹出菜单中选择"系列"命令,如图 1.4.20 所示,同样弹出"序列"对话框。

根据需要,选择类型。例如:选择"类型"为"等差数列",设置步长值为3,单击"确定",则结果如图 1.4.22 所示。

如果是等比数列,则选择"类型"为"等比数列",假设步长为 3(即公比为 3),单击"确定",则结果如图 1.4.23 所示。

④ 快速在不相邻区域输入大量相同数据。

具体步骤是:按住"Ctrl"键,点击所有要输入数据的单元格或者区域。然后输入数据。最后,按住"Ctrl"键,敲回车键,则选定单元格同时被填入该数据。具体步骤如图 1.4.24、图 1.4.25 和图 1.4.26 所示。

图 1.4.19 快捷菜单中打开"序列"命令

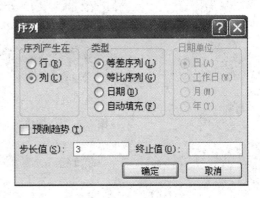

图 1.4.20 "序列"对话框

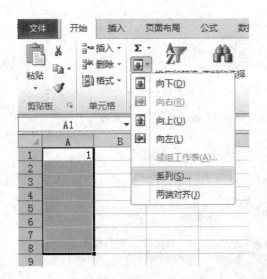

图 1.4.21 功能区中打开

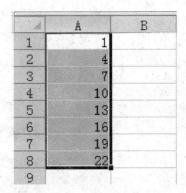

图 1.4.22 等差序列填充

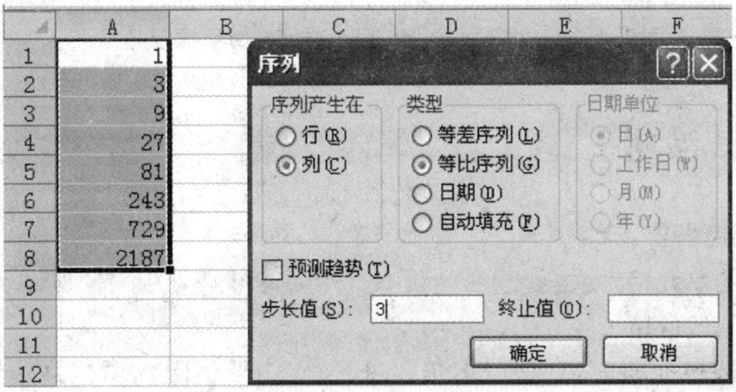

图 1.4.23 等比序列填充

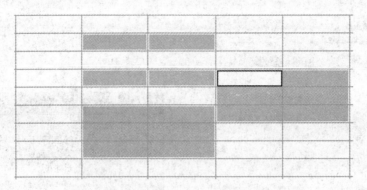

图 1.4.24 按住"Ctrl"键,选定要输入的区域

图 1.4.25 按住"Ctrl"键,然后单击某个单元格后,输入内容

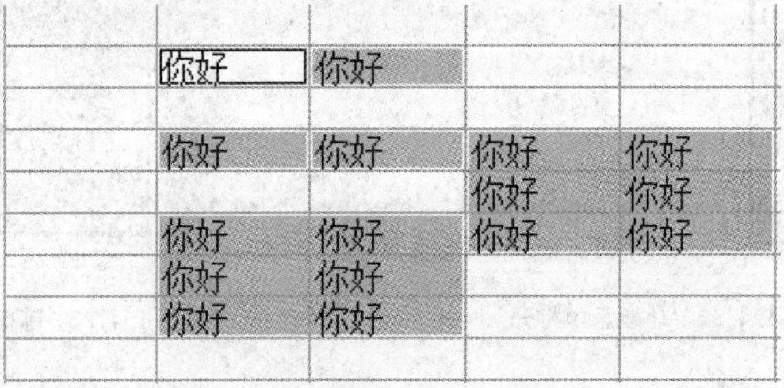

图 1.4.26 按住"Ctrl"键,同时敲回车键所显示的结果

1.4.2 数据编辑

1. 清除单元格内容

点击要清除的单元格,使之处于活动状态。然后按键盘"Del"键,则单元格内容被清除。但是格式与批注依然保留。

如果彻底清除单元格内容,按以下步骤进行:点击要清除的单元格或者区域,选择"开始"选项卡→"清除"工具按钮,在弹出的菜单中选择要清除的范围即可,如图 1.4.27 所示。

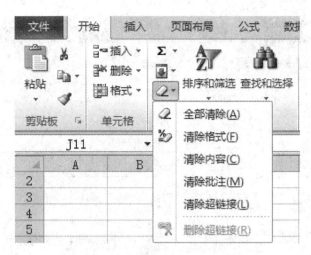

图 1.4.27　快速清除单元格内容

2. 查找与替换数据

(1) 选择要查找或替换的区域。如果是在整个工作表中进行,则点击工作表中任一单元格即可。

(2) 选择"开始"选项卡→"编辑"组→"查找与选择"工具按钮,在弹出的对话框中点击"查找"命令,如图 1.4.28 所示,弹出"查找和替换"对话框,也可直接按"Ctrl"+"F"组合键,如图 1.4.29 所示。

图 1.4.28　"查找和选择"按钮

(3) 在"查找内容"框中填入要查找的内容,比如"徐小三",然后点击"查找全部"即可,如图 1.4.30 所示。

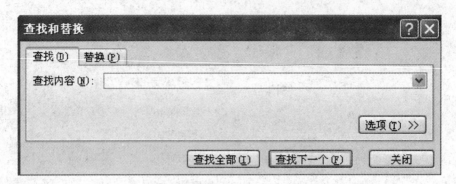

图1.4.29 "查找和替换"对话框

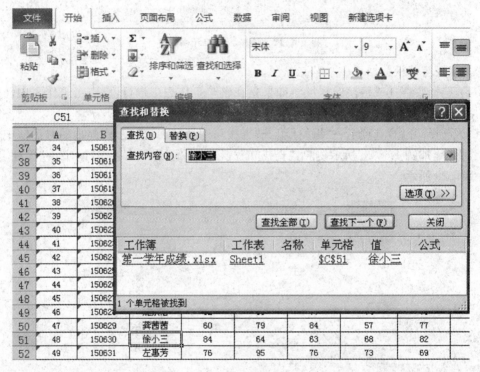

图1.4.30 查找

(4) 在"查找和替换"对话框中点击"替换"选项卡,在"替换为"右边的框中输入要替换的内容"徐晓三",单击"替换"或者"全部替换"按钮,则可实现将工作表中的"徐小三"全部替换为"徐晓三",如图1.4.31所示。

3. 定义数据有效性

Excel可以对单元格内数据的类型进行限制。具体方式是通过对数据的有效性进行定义。步骤如下:单击某一单元格,然后选择"数据"选项卡→"数据工具"组→"数据有效性",在菜单中选择"数据有效性",如图1.4.32所示。在弹出的"数据有效性"对话框中,在"设置"选项卡中进行数据类型与来源的设置。比如,在"允许"下拉按钮中选择"整数"(或者其他),数据范围介于"10"到"30"之间,单击"确定",如图1.4.33所示。如果在该单元格中输入"67",则显示出错,如图1.4.34所示。

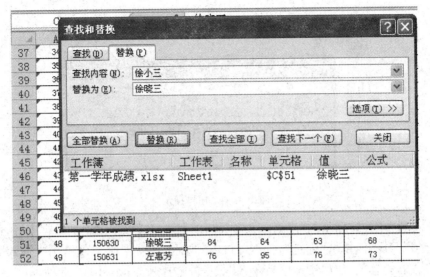

图 1.4.31 替换

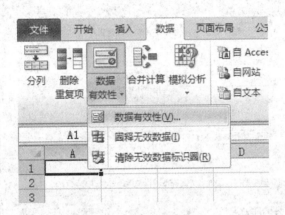

图 1.4.32 "数据有效性"命令

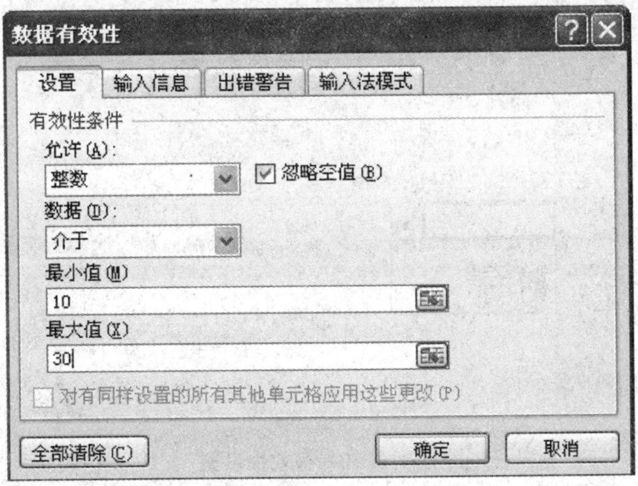

图 1.4.33 有效性条件的设置

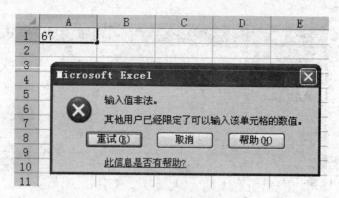

图 1.4.34 出错提示

选择"允许"下拉按钮下的"序列",在"来源"中直接定义该单元格的数据来源,中间用英文输入下的逗号隔开,单击"确定",如图 1.4.35 所示,这就限制了该单元格输入数据的来源,用户不能自行输入,比如设置单元格 A4 数据的选择来源,如图 1.4.36 所示。

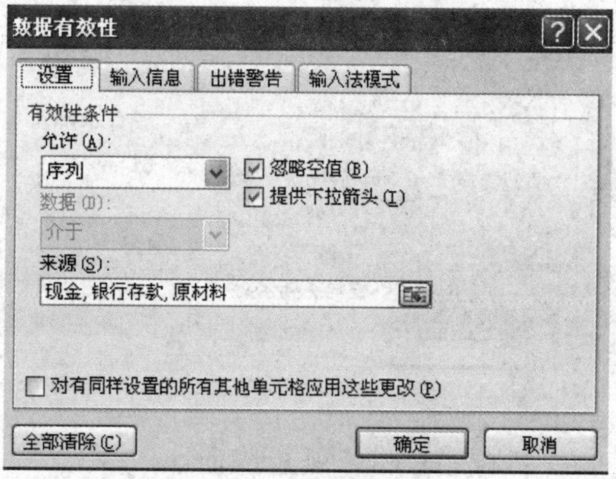

图 1.4.35 有效性设置

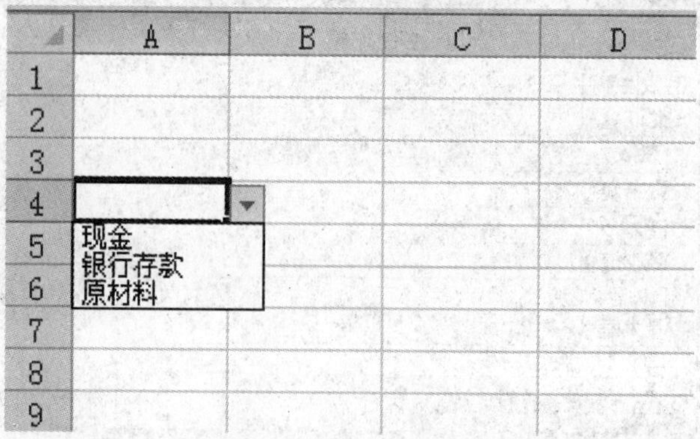

图 1.4.36 有效性设置

如果在该单元格中输入其他内容，系统则提示出错，如图 1.4.37 所示。

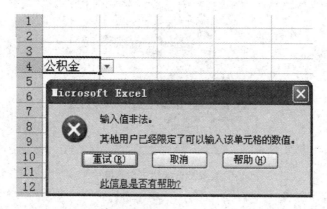

图 1.4.37　输入出错提示

4. 数据保护

(1) 保护工作簿

① 保护工作簿是防止工作簿结构被修改和保护窗口操作。

选择"审阅"选项卡→"更改"组→"保护工作簿"工具按钮，在弹出的对话框中选择"结构"，表示该工作簿设置的结构无法修改，选择"窗口"，则工作表窗口按钮键（最小化、最大化和关闭）被隐藏。输入密码，单击"确定"，弹出"确认密码"对话框，选择"确定"，如图 1.4.38 所示。

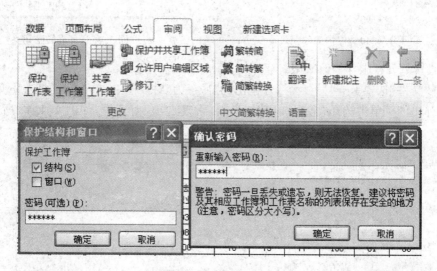

图 1.4.38　保护工作簿

如要取消保护，选择"审阅"选项卡→"更改"组→"保护工作簿"工具按钮，弹出"撤销工作簿保护"对话框，输入原先设定的密码，单击"确定"，如图 1.4.39 所示。

保护工作簿的操作也可以在"文件"选项卡中进行，选择"文件"选项卡→"信息"→"保护工作簿"按钮，在弹出的菜单中选择"用密码进行加密"，如图 1.4.40 所示。在弹出的"加密文档"对话框中设置密码，如图 1.4.41 所示。

图 1.4.39　撤销工作簿保护

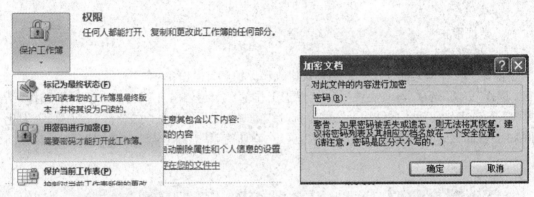

图 1.4.40　保护工作簿　　　　　　　图 1.4.41　设置密码

② 设置打开权限与修改权限。

选择"文件"选项卡→"另存为",在弹出的"另存为"对话框中,单击对话框左下角"工具"按钮,在弹出的菜单中选择"常规选项"。弹出"常规选项"对话框,如图 1.4.42 所示,输入

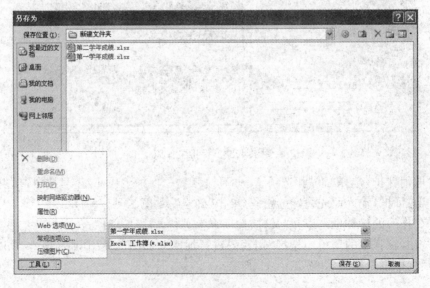

图 1.4.42　设置打开权限与修改权限

"打开权限密码"与"修改权限密码",单击"确定",弹出"密码确认"对话框。分别先后输入两个密码,单击"确定"。

(2) 保护工作表

选择"审阅"选项卡→"更改"组→"保护工作表",在弹出的"保护工作表"对话框中选择"保护工作表及锁定的单元格内容",如图1.4.43所示,输入密码,单击"确定",在弹出的"密码确认"框中再次输入密码。

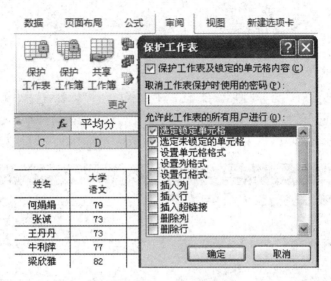

图 1.4.43 保护工作表

或者选择"文件"选项卡→"信息"→"保护工作簿"→"保护当前工作表",同样可以弹出"保护工作表"对话框,进行密码保护设置,如图1.4.44所示。

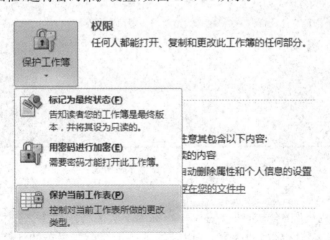

图 1.4.44 保护当前工作表

如要取消保护,选择"审阅"选项卡→"撤销工作表保护"按钮,弹出"撤销工作表保护"对话框,输入原先设置的密码即可取消对工作表的保护,如图1.4.45所示。

(3) 保护单元格

选择"开始"选项卡→"单元格"组→"格式"按钮→"设置单元格格式",或者鼠标定位任意活动单元格或者区域,单击鼠标右键,在弹出的菜单中选择"设置单元格格式",都可以打

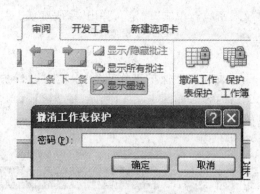

图 1.4.45 撤销工作表保护

开"设置单元格格式"对话框,在弹出的对话框中选择"保护"标签,选择"锁定",如图 1.4.46 所示。再通过"审阅"选项卡→"更改"组→"保护工作表",设置密码即可完成对单元格的"锁定"设置,否则原先的"锁定"设置无效。

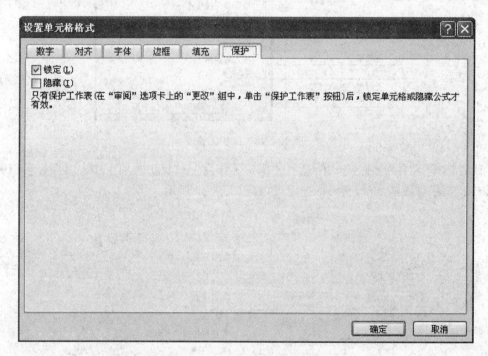

图 1.4.46 设置单元格格式

5. 函数

函数是一些预定义的公式,通过使用一些称为参数的特定数值来按特定的顺序或结构执行计算。Excel 中包含众多的函数,利用函数可执行简单或复杂的计算。在单元格中,输入函数或者公式,总是以"="开始,如果要输入的是以"="开始的字符串,则在前面以英文输入下的引号开始即可。

(1) 函数的格式

函数的基本格式是:函数名(参数 1,参数 2,参数 3,…),参数可以是数字、文本、逻辑值、数组、错误值或单元格引用。指定的参数都必须转化为有效参数值。参数可以是常量、公式或其他函数。若一个函数是另一个函数的参数,这就是嵌套。所谓嵌套函数,就是指在某些情况下,可能需要将某一函数值作为另一函数的参数使用。Excel 函数中的各个参数,除中文文字外,均须使用半角字符。

(2) 函数的输入

函数的输入一般有四种方法:第一种是通过在单元格或者编辑栏直接录入,以等号开始;第二种是通过函数工具按钮进行输入;第三种是选择"公式"选项卡→"插入函数"工具按钮,如图 1.4.47 所示;第四种是选择要插入函数的单元格,按"Shift"+"F3"组合键。后三种方式都会出现"插入函数"对话框,如图 1.4.48 所示。

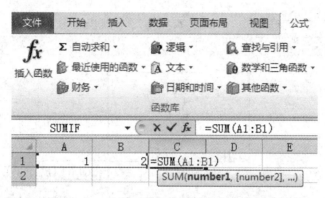

图 1.4.47 函数的输入方法

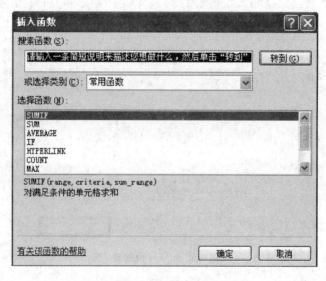

图 1.4.48 "插入函数"对话框

(3) 常用的函数及其用法

在 Excel 系统中,共有 12 类函数,分别是数据库函数、日期与时间函数、工程函数、财务函数、信息函数、逻辑函数、查询和引用函数、数学和三角函数、外部函数、统计函数、文本函数和数据函数以及用户自定义函数。本书重点介绍在会计核算中经常用到的函数。

① AVERAGE()函数。

AVERAGE 函数是用来求平均值的函数。

该函数语法是:AVERAGE(number1,number2,number3,…)。

number1,…表示参数,可以是数值、单元格地址或者区域,比如 A2:D5。函数返回的结果是所有参数的平均值。

② COUNT()函数。

COUNT 函数是用来统计数字个数的函数。

该函数语法是:COUNT(number1,number2,number3,…)。

例如:在 D7 单元格输入计数函数,统计区域 B2 到 C6 区域中单元格含有数字的个数,如图 1.4.49 所示。

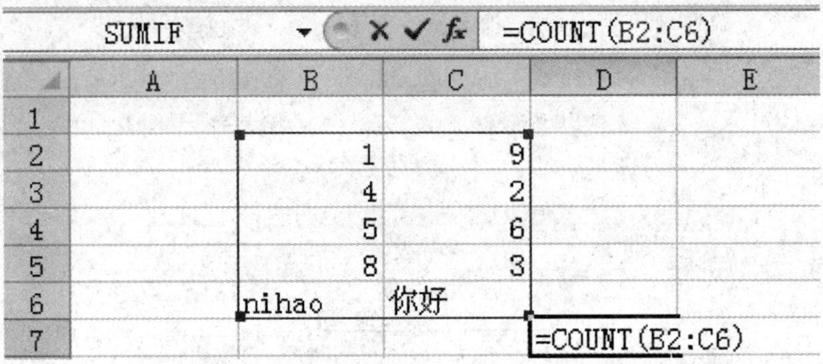

图 1.4.49　用 COUNT 函数统计区域 B2:C6 单元格中含有数字的个数

单击回车键,返回结果是"8",如图 1.4.50 所示,因为 B6 和 C6 单元格中是文本或字符串,不是数字,所以不计入结果。

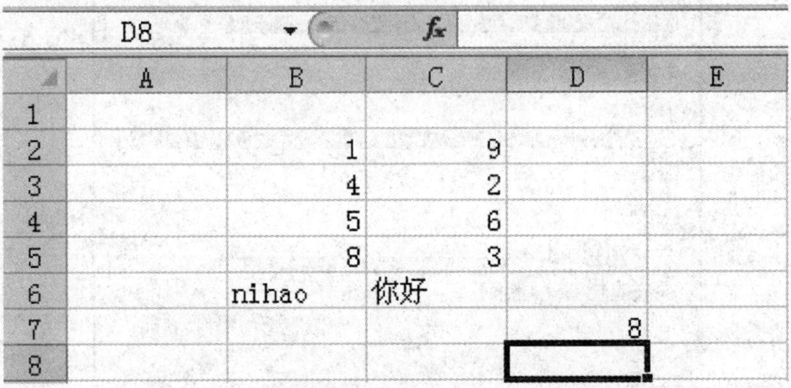

图 1.4.50　计数结果

③ COUNTA()函数。

COUNTA 函数是统计非空单元格个数的函数。

该函数语法是:COUNTA(number1,number2,number3,…)。

例如:在 C4 单元格中输入 COUNTA 函数,统计 A1:B4,A5,B5 和 A6 单元格中非空单元格的个数,如图 1.4.51 所示。结果是"4",如图 1.4.52 所示。

④ MAX()与 MIN()函数。

MAX()函数是用来求解最大值的函数。

该函数语法是:MAX(number1,number2,number3,…)。

例如:区域 A1 到 B3 的内容如图 1.4.53 所示,在 C4 单元格中输入 MAX 函数,求解

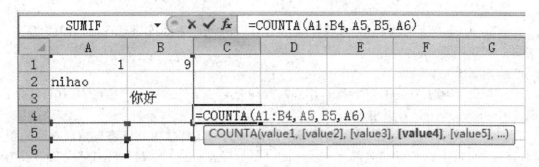

图 1.4.51　COUNTA 函数的应用

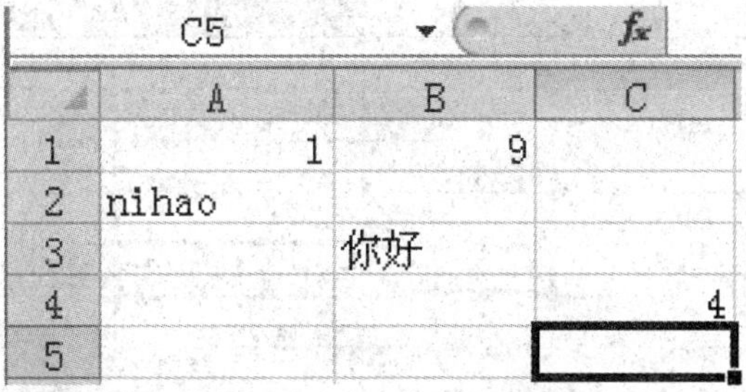

图 1.4.52　COUNTA 函数的结果

A1:B3 单元格中数字的最大值。按回车键,则结果显示为"9",如图 1.4.54 所示。

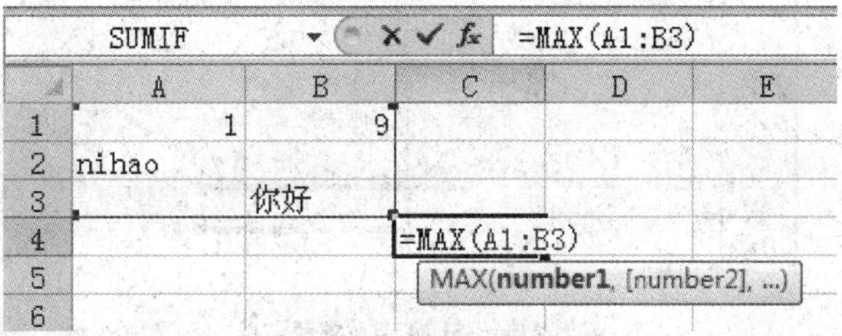

图 1.4.53　MAX 函数的应用

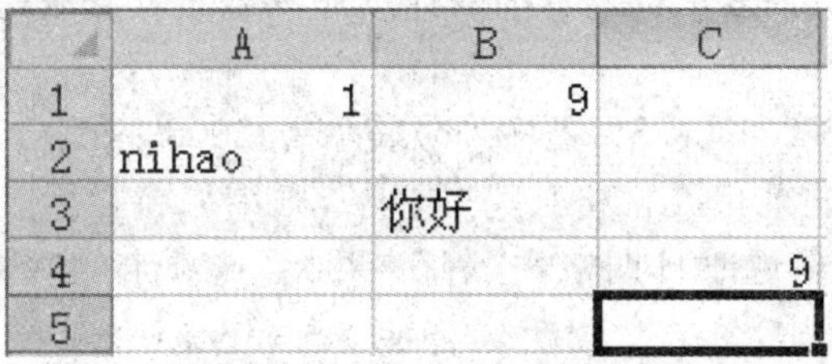

图 1.4.54　MAX 函数的结果

MIN()函数为求解最小值函数,使用方法和 MAX 函数相同,把图 1.4.53 里的 C4 单元格函数名改成 MIN,可以返回 A1:B3 区域的最小值。

⑤ SUM()函数。

SUM()函数是用来求和的函数。

该函数语法为:SUM(number1,…)。

例如:在 C5 单元格输入 SUM 函数,如图 1.4.55 所示。按回车键后,返回结果为"17",如图 1.4.56 所示。

⑥ SUMIF( )函数。

SUMIF( )函数为条件求和函数,用来求解符合某一条件的所有数值之和,其语法是:SUMIF(range, criteria, sum_range)。

range 为用于条件判断的单元格区域。criteria 为确定哪些单元格将被相加求和的条件,其形式可以为数字、表达式或文本。例如,条件可以表示为 11、"11"、">11"或"apples"。sum_range 是需要求和的实际单元格。

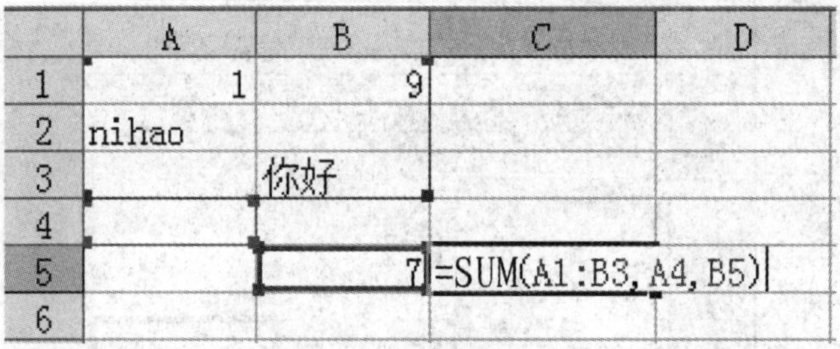

图 1.4.55 SUM 函数的使用

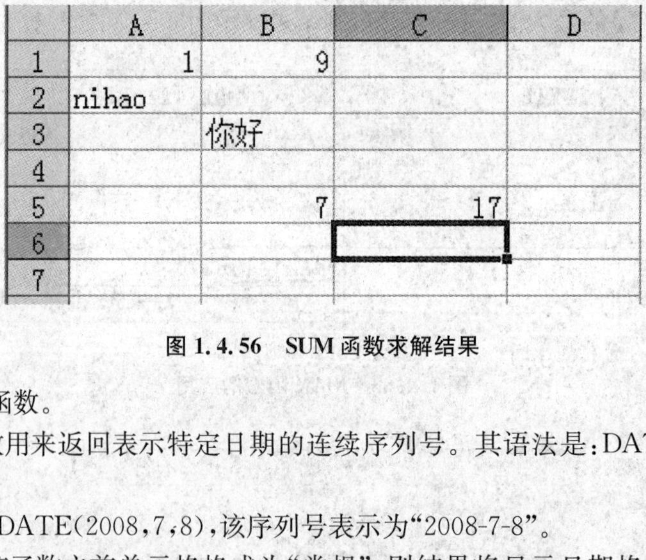

图 1.4.56 SUM 函数求解结果

⑦ DATE()函数。

DATE()函数用来返回表示特定日期的连续序列号。其语法是:DATE(year, month, day)。

例如,公式=DATE(2008,7,8),该序列号表示为"2008-7-8"。

如果在输入该函数之前单元格格式为"常规",则结果将显示日期格式,而不是数字格式。若要显示序列号或要更改日期格式,请在"开始"选项卡的"数字"组中选择其他数字格式。

该函数语法是:DATE(year, month, day)。

其中,year 参数可以包含一到四位数字。Excel 将根据计算机所使用的日期系统来解释 year 参数。

month 参数是一个正整数或负整数,表示一年中从 1 月至 12 月的各个月。

如果 month 大于 12,则 month 从指定年份的 1 月份开始累加该月份数。例如,DATE(2008,14,2) 返回表示 2009 年 2 月 2 日的序列号。

如果 month 小于 1，month 则从指定年份的 1 月份开始递减该月份数，然后再加上 1 个月。例如，DATE(2008,－4,11) 返回表示 2007 年 8 月 11 日的序列号。

day 参数：一个正整数或负整数，表示 1 月份中从 1 日到 31 日的各天。

如果 day 大于指定月份的天数，则 day 从指定月份的第一天开始累加该天数。例如，DATE(2008,1,40) 返回表示 2008 年 2 月 9 日的序列号。

如果 day 小于 1，则 day 从指定月份的第一天开始递减该天数，然后再加上 1 天。例如，DATE(2008,1,－16) 返回表示 2007 年 12 月 15 日的序列号。

⑧ DATEIF( )函数。

DATEDIF 函数是用来计算两个日期之间的天数、月数或年数。

该函数语法是：DATEDIF(start_date,end_date,unit)。

start_date——为一个日期，它代表时间段内的第一个日期或起始日期。

end_date——为一个日期，它代表时间段内的最后一个日期或结束日期。

unit——为所需信息的返回类型。可以是："y"：计算周年，"m"：计算足月，"d"：计算天数，"ym"：计算除了周年之外剩余的足月，"yd"：计算除了周年之外剩余的天数，"md"：计算除了足月之外剩余的天数。

⑨ DAY( )函数。

DAY 函数用来将系列数转换为月份中的日。

该函数语法是：DAY(serial_number)，参数 serial_number 为要查找的天数日期。如图 1.4.57 所示，输入"2010/9/1"，按回车键，返回日期 1。

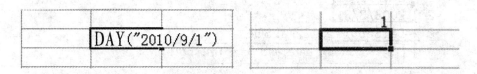

图 1.4.57　DAY 函数的使用

⑩ DAYS360( )函数。

DAYS360 函数用来按照一年 360 天的算法计算出两个日期之间相差的天数，是一些借贷计算中常用的计算方式。

其语法是：DAYS360(start_date,end_date,method)。

start_date 表示起始日期，end_date 表示终止日期，method 表示规定了计算中是采用欧洲算法还是美国算法：若为 FALSE 或者省略，则表示使用美国方法；若为 TRUE,则表示使用欧洲算法。

美国算法：如果起始日期是一个月的第 31 天，则将这一天视为同一个月份的第 30 天；如果终止日期是一个月的第 31 天且起始日期早于一个月的第 30 天，则将这个终止日期视为下一个月的第 1 天，否则终止日期等于同一个月的第 30 天。

欧洲算法：无论起始日期还是终止日期是一个月的第 31 天，都视为同一个月份的第 30 天。例如下列计算结果。

在 A3 中输入"＝DAYS360(2008/1/20,2008/3/31，FALSE)"，或者"＝DAYS360(A1,A2,FALSE)"敲回车键，返回结果：30＋30＋1＝71 天，如图 1.4.58 所示。

在 A3 中输入"＝DAYS360(2008/1/31,2008/3/31,FALSE)"，按回车键返回结果：30

+30=60。如果参数选择用单元格名称代替,在保持原函数不变的情况下,只需要修改 A1 单元格中的日期即可,如图 1.4.59 所示。

保持图 1.4.59 中 A1、A3 数据不变,将 A2 中的日期改为"2008/3/15",A3 自动更改返回数据为"45"。或者在 A3 中输入"=D360(2008/1/31,2008/3/15,FALSE)",按回车键,返回结果:30+15=45 天,如图 1.4.60 所示。

保持图 1.4.60 中 A2、A3 数据不变,将 A1 中的日期改为"2008/1/20",A3 自动更改返回数据为"55"。或者在 A3 中输入"=DAYS360(2008/1/20,2008/3/15,FALSE)",按回车键,返回结果:30+25=55 天,如图 1.4.61 所示。

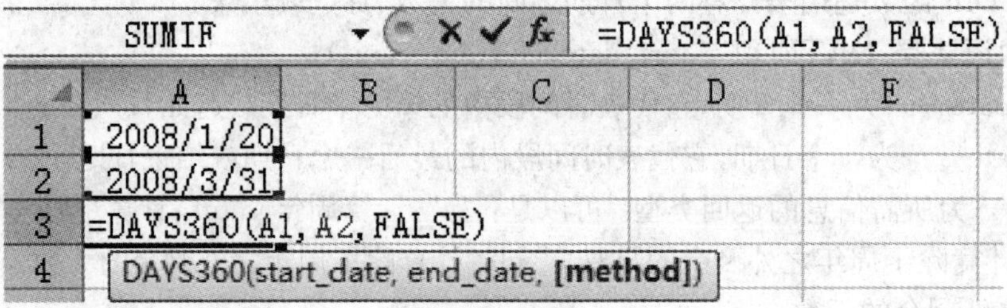

图 1.4.58　返回结果(1)

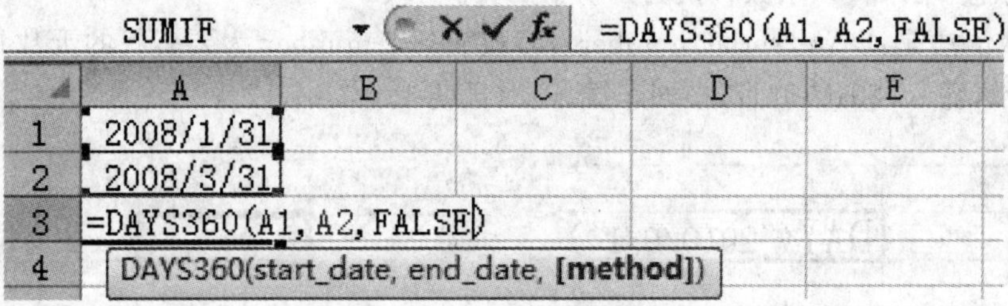

图 1.4.59　返回结果(2)

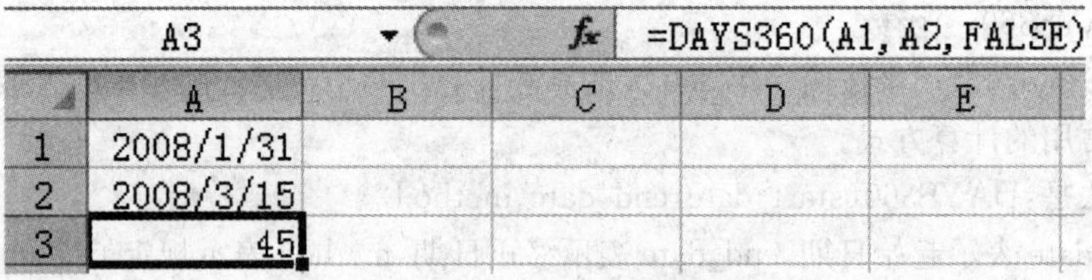

图 1.4.60　返回结果(3)

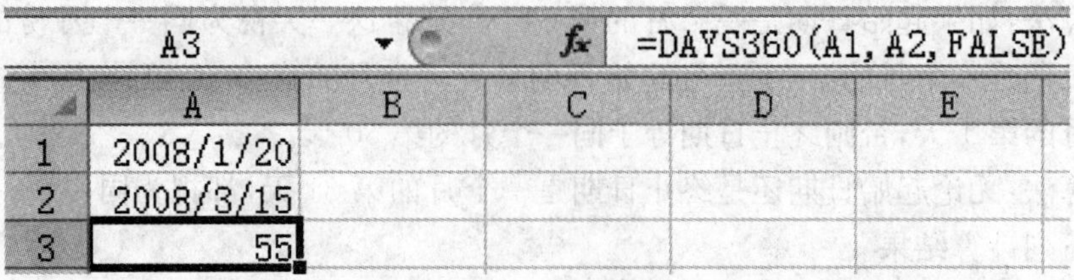

图 1.4.61　返回结果(4)

保持图 1.4.61 中 A1 数据不变,将 A2 的日期改为"2008/3/31",A3 的第三个参数改为

"TRUE",按回车键,返回结果:30+30+10=70天,如图1.4.62所示。

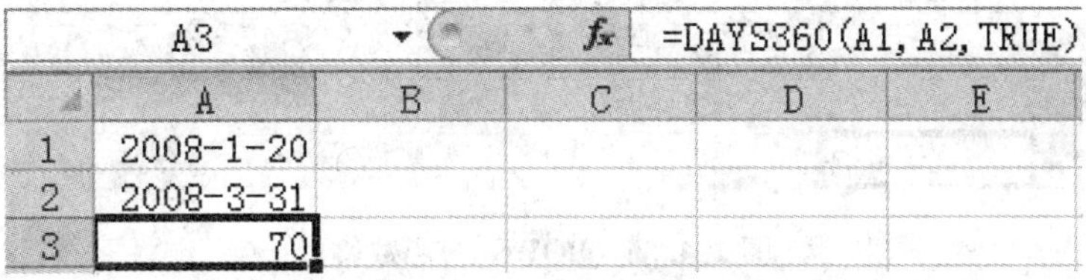

图1.4.62 返回结果(5)

⑪ YEAR()函数。

YEAR函数是用来返回参数年份的函数。

该函数语法是:YEAR(serial_number)。serial_number为一个日期值,其中包含要查找年份的日期,不能直接输入日期。返回结果为1900到9999之间的一个整数。

⑫ NOW()、MINUTE()、SECOND()函数。

NOW()函数为提取现在时间的函数,这个函数没有参数,返回结果是计算机系统的日期和时间。如果计算机系统日期和时间设置不对,那么返回结果就不正确。

MINUTE()和SECOND()不能直接输入日期。

⑬ ROW()函数。

ROW()函数用来返回参数所在的行数。

该函数语法是:ROW(reference)。若参数为空,则返回值为当前行数。例如,在A3中输入"=ROW(C3)",按回车键,返回"3",如图1.4.63所示。

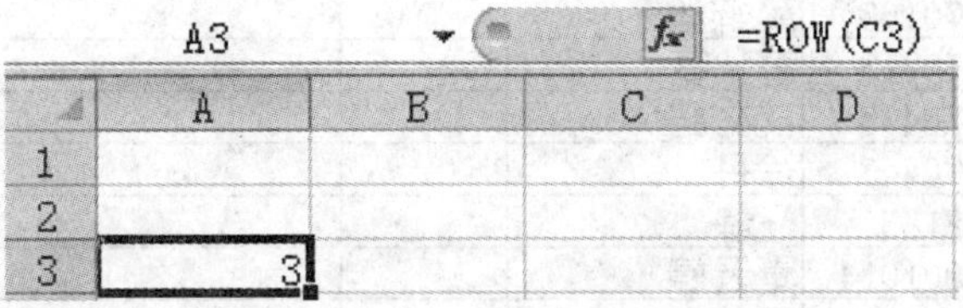

图1.4.63 ROW()函数(1)

在A2单元格中输入"=ROW()",按回车键,则返回当前行数"2",如图1.4.64所示。

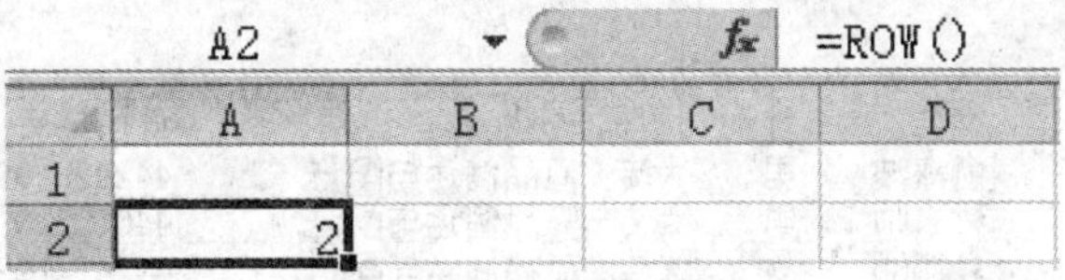

图1.4.64 ROW()函数(2)

⑭ ROWS()函数。

ROWS()函数用来返回数量组的行数。

其语法是:ROWS(array)。

例如:在A2单元格中输入"= ROWS(C2:F9)",按回车键,返回结果"8",如图1.4.65所示。

⑮ VLOOKUP()函数。

VLOOKUP函数是Excel中的一个纵向查找函数,结果返回该列所需查询列序对应的值。

该函数语法是:VLOOKUP(lookup_value,table_array,col_index_num,range_lookup)。

A2　　=ROWS(C2:F9)

	A	B	C	D	E
1					
2	8				

图 1.4.65　ROWS( )函数(3)

其中 lookup_value 为需要在数组第一列中查找的数值。Lookup_value 可以为数值、引用或文本字符串。

table_array 为需要在其中查找数据的数据表。可以使用对区域或区域名称的引用。

col_index_num 为 table_array 中,以待返回的匹配值的所在的列为最后一列,这个区域所有的列数。

range_lookup 为一逻辑值,指明函数 VLOOKUP 返回时是精确匹配还是近似匹配。如果为 TRUE 或省略,则返回近似匹配值,如果 range_value 为 FALSE,函数 VLOOKUP 将返回精确匹配值。如果找不到,则返回错误值"#N/A"。

例如:图 1.4.66 是用来查找返回学生性别和身份证号码的工作表。学生的具体信息存放在图 1.4.67 所在的工作表:学生信息 1 中。

	A	B	C	D
1	学号	姓名	性别	身份证号
2	070138	夏娜娜		
3	070146	裴龙		
4	070163	赖婉丝		
5	070213	曹秋霞		
6	070433	沈文韬		
7	070443	徐丹		
8	081656	汪静		
9	0901014	董云婷		
10	0901016	周芸		
11	0901036	孙婷婷		

图 1.4.66　待返回性别和身份证号码的工作表

	C	D	E	F	G	H
1	学号	姓名	性别	性质	专业	身份证号
2	070110	俞海波	男	大专	商品储运与配送	442425199105120819
3	070123	蔡兴帅	男	大专	商品储运与配送	440123199005276233
4	070138	夏娜娜	女	大专	商品储运与配送	44242219920402388Z
5	070162	许润天	男	大专	商品储运与配送	440104199205203013
6	070164	周宇	女	大专	商品储运与配送	441281199103230722
7	070217	钟磊	男	大专	电子商务	440123199004243317
8	070305	曹智祥	男	大专	计算机及应用	442625199210051430
9	070332	童建军	男	大专	计算机及应用	44112519910801271Z
10	070336	陈梓梁	男	大专	计算机及应用	44010419911024201Z

图 1.4.67　学生信息 1 工作表

在图 1.4.66 对应的工作表中,D2 单元格里输入:

"=VLOOKUP(A2,学生信息 1! $C$2:$H$11,6,0)",如图 1.4.68 所示。

按回车,返回结果:"44242219920402388Z",如图 1.4.69 所示。利用填充柄,可以返回所有学生的身份证号码。

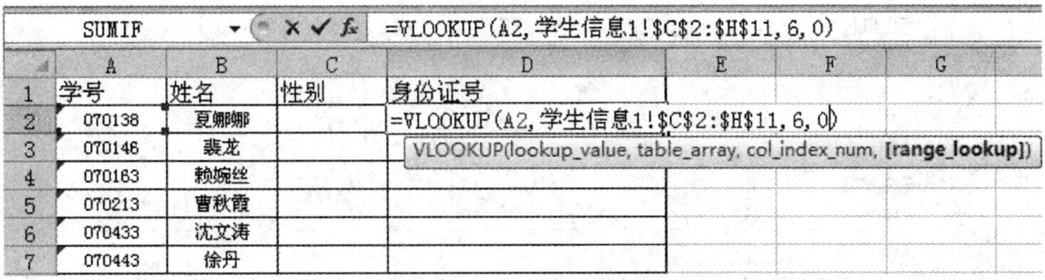

图 1.4.68 VLOOKUP 函数

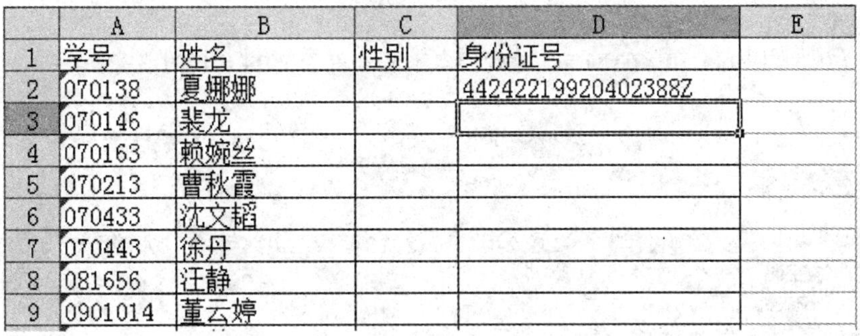

图 1.4.69 返回结果

⑯ HLOOKUP( )函数。

HLOOKUP 是 Excel 等电子表格中的横向查找函数,它与 LOOKUP 函数和 VLOOKUP 函数属于同类函数,HLOOKUP 按行查找,VLOOKUP 按列查找,最终返回该行或列需查询行或列所对应的值。

功能:用于在表格的首行查找指定的数值,并在表格或数组中指定行的同一列中返回一个值。

语法:HLOOKUP(lookup_value,table_array,row_index_num,range_lookup)。

lookup_value,为必需参数,表示要查找的值,输入数据的类型是数值引用或文本字符串;

table_array,为必需参数,表示要查找的区域,输入数据的类型是数据表区域;

row_index_num,为必需参数,表示返回数据在区域的第几行数,输入数据的类型必须是正整数;

col_index_num,为必需参数,表示返回数据在区域的第几列数,输入数据的类型必须是正整数;

range_lookup,为可选参数,表示的是模糊匹配或精确匹配,输入数据的类型只能是 TRUE(或不填)或者是 FALSE。

如图 1.4.70 所示,在(B6:B9)单元格返回电冰箱 2011 至 2014 年度的销售量,可以在 B6 单元格使用 HLOOKUP 函数,在 B5 单元格输入"=HLOOKUP(A6,$A$1:$G$4, 4,FALSE)"。其中,"A6"表示在查找区域内要查找的是"2011 年"所对应的数据,"$A$1: $G$4"表示查找的范围,4 表示查找的要返回的值在区域的第 4 行,FALSE 表示精确查找。单击回车,B6 单元格返回查找结果"57",拖动 B6 单元格填充柄至 B9 单元格,可以返回

2012 年至 2014 年的查找结果,如图 1.4.71 所示。

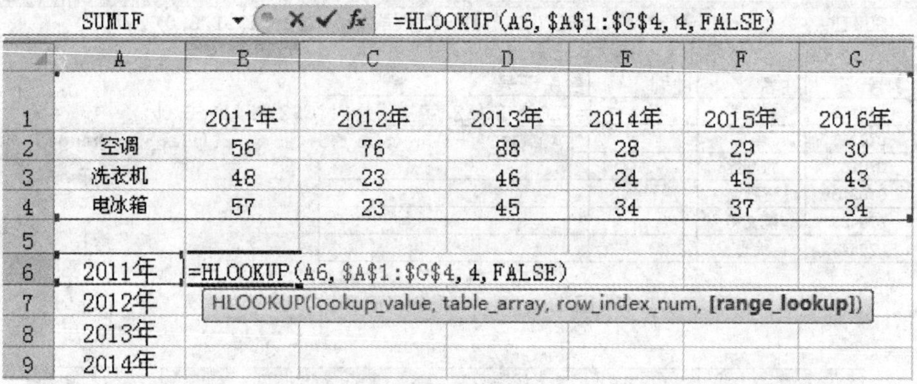

图 1.4.70 在 B6 单元格返回电冰箱 2011 至 2014 年度的销售量

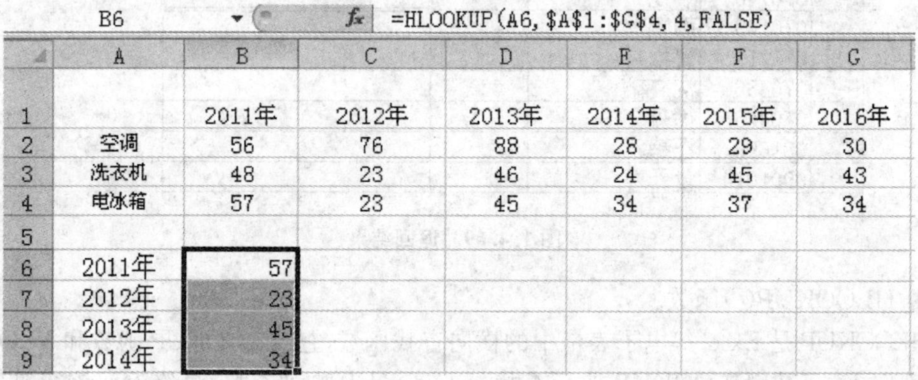

图 1.4.71 查询结果

⑰ MATCH( )函数。

MATCH 函数含义:返回指定数值在指定数组区域中的位置。

语法:MATCH (lookup_value,lookup_array,match_type)。

lookup_value:需要在数据表(lookup_array)中查找的值。可以为数值(数字、文本或逻辑值)或对数字、文本或逻辑值的单元格引用。可以包含通配符、星号（*）和问号（?）。星号可以匹配任何字符序列,问号可以匹配单个字符。

lookup_array:可能包含所要查找数值的连续的单元格区域,区域必须是某一行或某一列,即必须为一维数据,引用的查找区域是一维数组。

match_type:表示查询的指定方式,用数字-1、0 或者 1 表示,match_type 省略相当于 match_type 为 1 的情况。

为 1 时,查找小于或等于 lookup_value 的最大数值在 lookup_array 中的位置,lookup_array 必须按升序排列;否则,当遇到比 lookup_value 更大的值时,即时终止查找并返回此值之前小于或等于 lookup_value 的最大数值的位置。

为 0 时,查找等于 lookup_value 的第一个数值,lookup_array 按任意顺序排列。

为-1 时,查找大于或等于 lookup_value 的最小数值在 lookup_array 中的位置,lookup_array 必须按降序排列。利用 MATCH 函数查找功能时,当查找条件存在时,MATCH 函数结果为具体位置(数值),否则显示"#N/A"错误。

如图1.4.72所示,A6单元格返回的查找结果是B2:B4区域中小于或等于50的最大数"48"的位置,在区域内排第"2"。

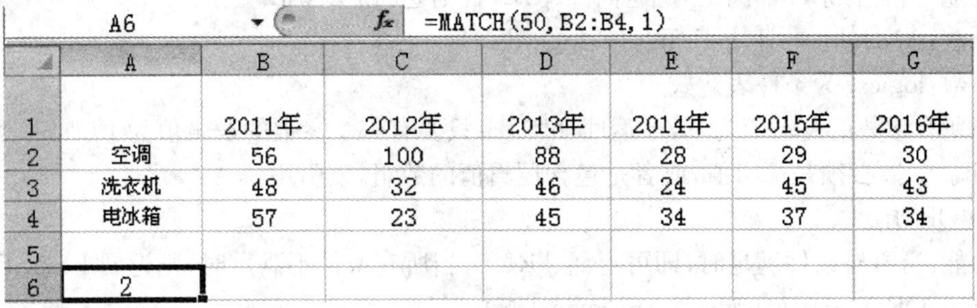

A6　=MATCH(50,B2:B4,1)

	A	B	C	D	E	F	G
1		2011年	2012年	2013年	2014年	2015年	2016年
2	空调	56	100	88	28	29	30
3	洗衣机	48	32	46	24	45	43
4	电冰箱	57	23	45	34	37	34
5							
6	2						

图1.4.72　match_type为1的查询结果

如图1.4.73所示,A6单元格返回的查找结果是C2:C4区域中等于100的数的位置,在区域内排第"1"。

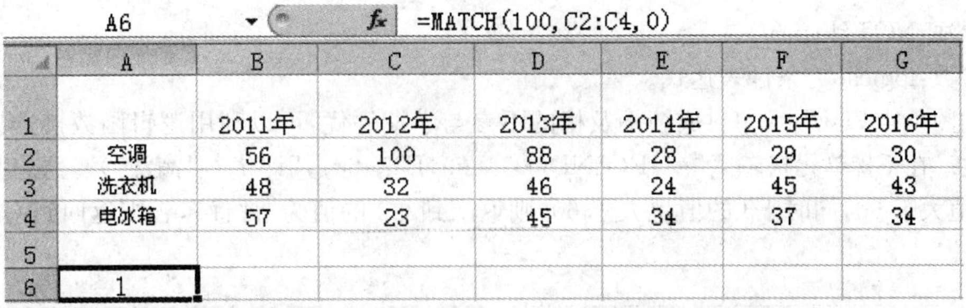

A6　=MATCH(100,C2:C4,0)

	A	B	C	D	E	F	G
1		2011年	2012年	2013年	2014年	2015年	2016年
2	空调	56	100	88	28	29	30
3	洗衣机	48	32	46	24	45	43
4	电冰箱	57	23	45	34	37	34
5							
6	1						

图1.4.73　match_type为0的查询结果

如图1.4.74所示,A6单元格返回的查找结果是D2:D4区域中大于或等于40的最小数"45"的位置,在区域内排第"3"。

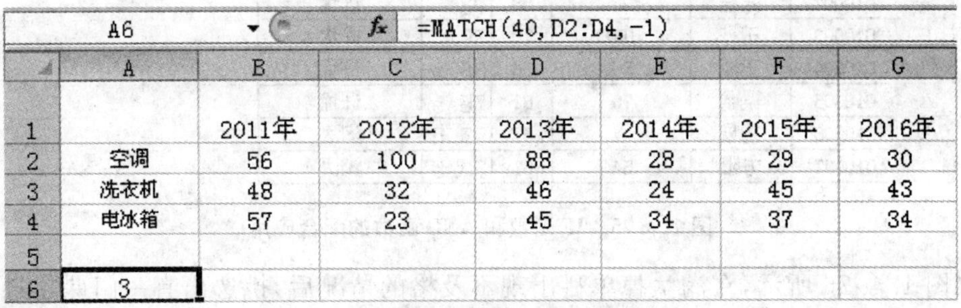

A6　=MATCH(40,D2:D4,-1)

	A	B	C	D	E	F	G
1		2011年	2012年	2013年	2014年	2015年	2016年
2	空调	56	100	88	28	29	30
3	洗衣机	48	32	46	24	45	43
4	电冰箱	57	23	45	34	37	34
5							
6	3						

图1.4.74　match_type为-1的查询结果

⑱ IF( )函数。

IF函数根据指定的条件来判断"真"(TRUE)、"假"(FALSE),根据逻辑计算的真假值返回相应的内容。

语法:IF(logical_test,value_if_true,value_if_false)。

其中,logical_test表示计算结果为TRUE或FALSE的任意值或表达式;

value_if_true 是 logical_test 表达式为 TRUE 时返回的值；

value_if_false 是 logical_test 表达式为 FALSE 时返回的值。

⑲ AND 函数。

功能：当所有条件都满足时，返回 TRUE，否则返回 FLASE。

语法：AND(logical1,logical2,…,logical N)。

参数：logical 为条件表达式。

当所有参数的逻辑值为真，才返回 TRUE；只要有一个参数的逻辑值为 FLASE，则返回 FLASE。参数必须是逻辑值，或者是包含逻辑值的数组，或引用。

⑳ OR 函数。

功能：当所有条件满足时，即可返回 TRUE；当所有条件不满足时，则返回 FLASE。

语法：OR(logical1,logical2,…,logical N)。

参数：logical 为条件表达式。

㉑ NOT 函数。

功能：如果逻辑值为 FALSE，函数返回 TRUE；如果逻辑值为 TRUE，函数返回 FALSE。

语法：NOT(logical)。

参数：logical 为条件表达式。

如图 1.4.75 所示，单科成绩不及格的不参与学期评优，可以利用逻辑函数挑选出淘汰的学生。在 G3 单元格输入"=IF(AND(D3>60,E3>60),"评优","淘汰")"，意思是如果 D3 的值大于 60，同时 E3 的值也大于 60，则返回到 G3 的值为"评优"，否则返回到 G3 的值为"淘汰"。

学号	姓名	财经法规与会计职业道德	基础会计	总分	评优或淘汰
010001	何娟	67	76	71.5	评优
010002	张程	98	88	93	评优
010003	王丹	100	78	89	评优
010004	王萍	85	88	86.5	评优
010005	梁雅	70	81	75.5	评优
010006	杨星	44	67	55.5	淘汰
010007	方阳	54	87	70.5	淘汰

图 1.4.75 IF 函数和 AND 函数的配合应用

如图 1.4.76 所示，在淘汰掉单科出现不及格的情况后，挑选出有一门课超过 90 分的情况。在 G3 单元格输入"=IF(OR(D3>90,E3>90),"奖学金","淘汰")"，意思是如果 D3 的值或者 E3 的值有一个超过 90 分，返回到 G3 的值是"奖学金"，否则返回的值是"淘汰"。

如图 1.4.77 所示，淘汰掉单科没有 90 分的情况，挑选出总分超过 90 分的情况。在 G3 单元格输入"=IF(NOT(F3>90),"淘汰","特等奖学金")"，意思是如果 F3 单元格的值没有超过 90 分，则返回到 G3 的值为"淘汰"，否则返回到 G3 的值为"特等奖学金"。

图 1.4.76　IF 函数和 OR 函数的配合应用

图 1.4.77　IF 函数和 NOT 函数的配合应用

学习任务 1.5　数据的处理

在日常的财务工作中,我们会接触到大量的数据,并且要对这些看似杂乱无章的数据进行分析和处理。Excel 提供了强大的数据分析处理功能,可以帮助我们实现制作图表,直观的分析数据,做出决策,还可以帮助我们实现对数据的排序、筛选、分类汇总等操作,为日常工作带来极大的便利。

1.5.1　利用图表进行数据分析

任务引入 1: 使用柱形图对图 1.5.1 中各促销项目的预计费用和实际费用进行比较。

图 1.5.1　各促销项目的预计费用和实际费用

任务解决:
(1) 新建 Excel 文档,单击"插入"选项卡→"图表"组中选择要插入的图标类型"柱形图",如图 1.5.2 所示。

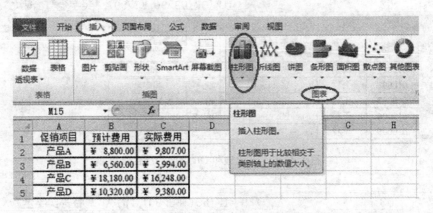

图 1.5.2　选择图标类型

（2）选择"插入"选项卡→"图表"组→"柱形图"按钮,选择"二维柱形图"中的"簇状柱形图",如图 1.5.3 所示。此时,弹出空白图表区如图 1.5.4 所示。

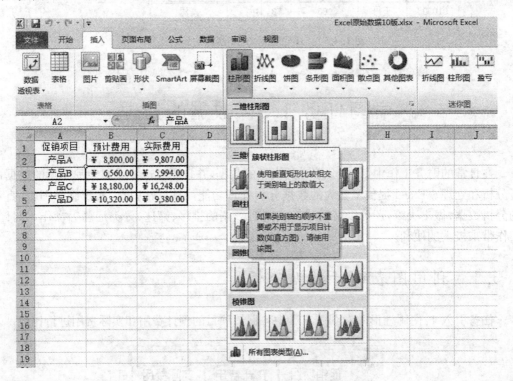

图 1.5.3　通过功能区找到"柱形图"按钮

（3）此时,出现"图表工具"选项卡。选择"图表工具"→"设计"→"数据"→"选择数据"按钮,如图 1.5.4 所示。

（4）在弹出的"选择数据源"对话框中,添加"图表数据区域",可以用鼠标直接选择要制作成柱形图的数据(A1:C5),此时数据会自动添加到"图表数据区域"一栏中。如果熟悉添加数据的格式,也可以选择通过键盘输入,如图 1.5.5 所示。

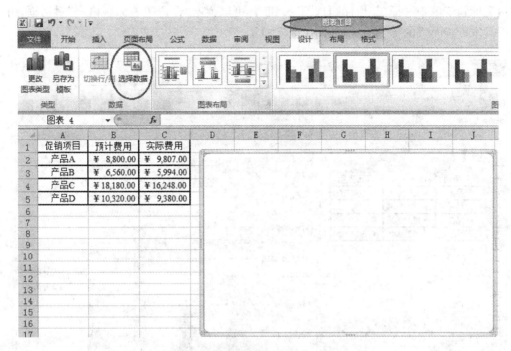

图 1.5.4 找到"选择数据"按钮

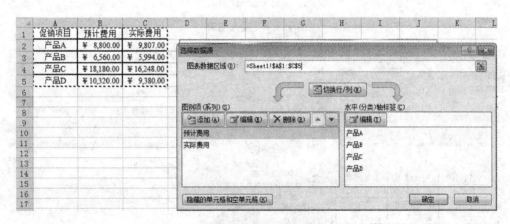

图 1.5.5 "选择数据源"对话框

观察此时的"选择数据源"对话框,添加完数据后,数据被自动分类,横表头数据"促销项目""预计费用""实际费用"在"图例项(系列)"栏中,"产品 A""产品 B""产品 C""产品 D"在"水平(分类)轴标签"栏中。

(5)单击图 1.5.5 所示界面中"选择数据源"对话框的"确定"按钮,得到图表,如图 1.5.6 所示。也可以在第二步选择"柱形图"按钮之前,先用鼠标选中数据区域 A1:C5,再单击"柱形图"按钮,结果是一样的。

(6)选中图表的空白区域,出现"图表工具"选项卡,选择"布局"→"标签"→"图表标题",在弹出的菜单中选择"图表上方"按钮,如图 1.5.7 所示。

在图表中出现的"图表标题"文本框中添加文字"预计费用与实际费用对比图"。鼠标移动到"预计费用与实际费用对比图"文本框边框处,鼠标变成"✥"形状时双击鼠标左键,或者在图表标题菜单中选择"其他标题选项"按钮,都可以弹出"设置图表标题格式"对话框,可以依照需求设置图表的标题格式,如图 1.5.8 所示。

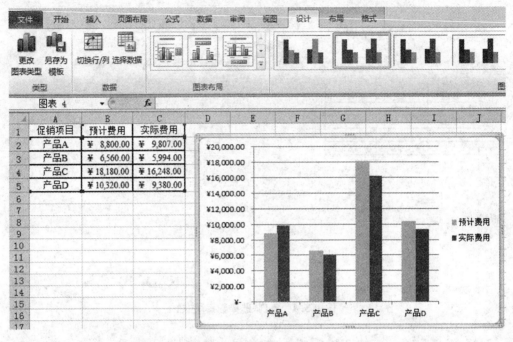

图 1.5.6　插入图表

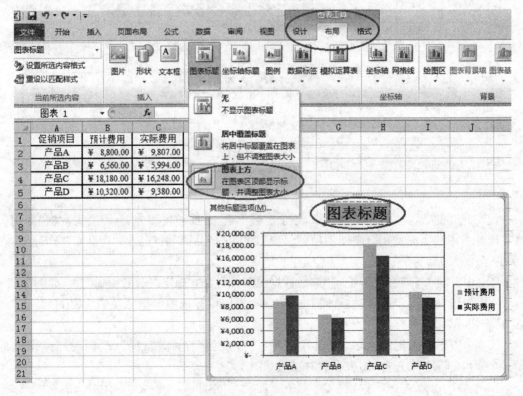

图 1.5.7　设置图表标题

图 1.5.8　设置图表区格式

(7) 同样的,选择"图表工具"→"布局"→"标签"→"坐标轴标题"→"主要横坐标轴标题",在弹出的菜单中选择"坐标轴下方标题"按钮,可以设置横坐标标题的位置,并添加标题文字"项目",如图 1.5.9 所示。

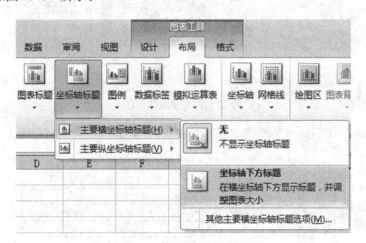

图 1.5.9　设置横坐标标题的位置

选择"图表工具"→"布局"→"标签"→"坐标轴标题"→"主要纵坐标轴标题",在弹出的菜单中选择"竖排标题"按钮,可以设置纵坐标标题的位置,并添加标题文字"费用",如图 1.5.10 所示。

(8) 最终效果图如图 1.5.11 所示。

请思考:如何将水平轴标签设计为"预计费用"和"实际费用"?

图 1.5.10 设置纵坐标标题的位置

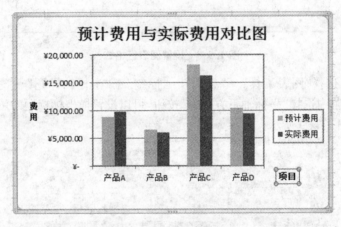

图 1.5.11 最终效果图

任务引入 2：使用饼图分析某企业第二季度各月的支出，相关数据如图 1.5.12 所示。

	A	B	C	D	E
1	月份	原材料	技术开发	广告宣传	职工工资
2	四月	10000	5000	3200	8000
3	五月	20000	5000	3600	8000
4	六月	30000	6000	4000	8500

图 1.5.12 某企业第二季度各月的支出

任务解决：

(1) 新建 Excel 文档，建立数据区域。鼠标选中数据区域 A1:E2，选择"插入"选项卡→"图表"组→"饼图"菜单下的"二维饼图"按钮，如图 1.5.13 所示。

(2) 选中上一操作弹出的饼图的"图表区"，选中"图表工具"→"布局"→"标签"→"图表标题"→"图表上方",可以在图表区顶部显示标题。在"图表标题"文本框中添加文字"四月份支出费用",如图 1.5.14 所示。

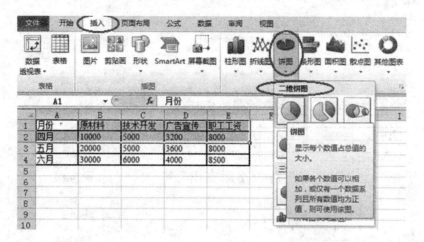

图 1.5.13　通过功能区找到"插入"→"饼图"按钮

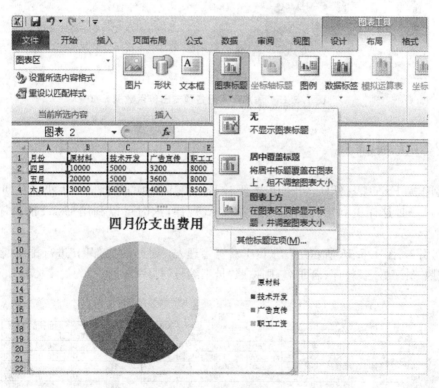

图 1.5.14　设置图表标题

选中"图表工具"→"布局"→"标签"→"数据标签"→"数据标签内",可将四月份各项支出费用数据添加到对应的图表位置,如图 1.5.15 所示。

(3) 依据此法可分别制作出"五月"和"六月"的饼图。

请思考:如何将三个月的费用支出体现在一张图表中?

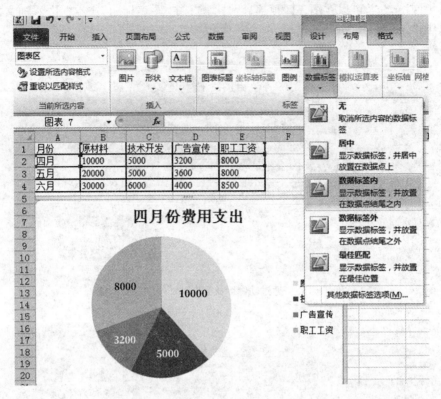

图 1.5.15　添加四月份各项支出费用数据

1.5.2　数据排序

在制作完 Excel 表格以后，我们可能要对 Excel 表格中的数据按照大小或日期、字母等方式重新排列，这样更利于我们预览观看，查找规律，这时可以利用 Excel 的排序功能来实现。

任务引入：图 1.5.16 所示是一张员工薪资管理表，按照"所属部门"进行排序，若部门相同，则按照"员工姓名"排序；若重名，则按照"员工编号"排序。

员工编号	员工姓名	所属部门	性别	基本工资	业绩奖金	住房补助	请假应扣费用	工资总额	应扣所得税	应扣保险金额	实际应付工资
\multicolumn{12}{c}{员工薪资管理表}
001	李名	销售部	男	2600	1120	500	0	4220	0	1000	3220
002	秦霞	行政部	女	2600	1120	500	0	4220	0	1000	3220
003	王强	销售部	男	2600	3080	600	77	6203	65.30	1000	5137.70
004	刘丽	办公室	女	2600	0	500	153	2947	0	1000	1947
005	王强	销售部	男	2800	3600	800	0	7200	165	1200	5835
006	张怡	行政部	女	2600	2200	500	21	5279	23.37	1000	4255.63
007	杨平	办公室	女	2600	1120	500	0	4220	0	1000	3220
008	黄静	财务部	女	2600	2200	500	0	5300	24	1000	4276
009	陈婷	销售部	女	2600	0	500	127	2973	0	1000	1973
010	贾晴	财务部	女	2600	3080	600	0	6280	53	1200	5027

图 1.5.16　员工薪资管理表

任务解决：
（1）完成此项任务需要用到"数据"选项卡→"排序和筛选"组→"排序"工作按钮，如图

1.5.17所示。

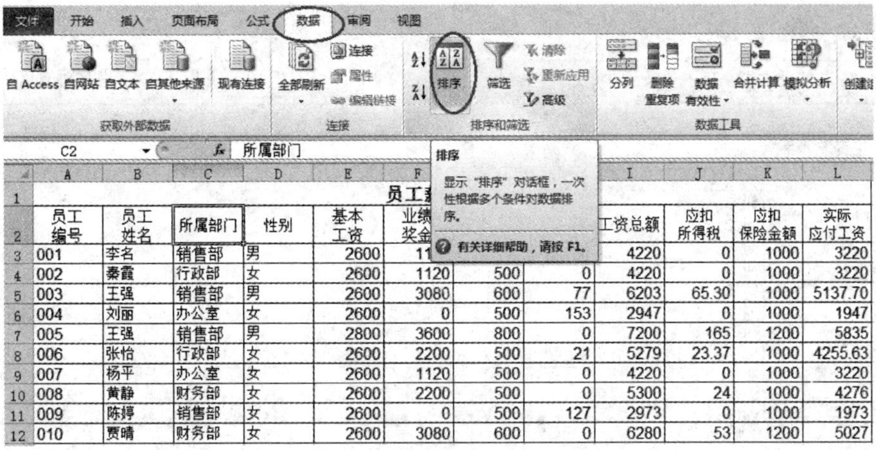

图1.5.17 通过功能区找到"排序"按钮

（2）选中数据区域A2:L12，单击"排序"按钮，弹出"排序"对话框。此时，默认选中"数据包含标题"，默认对"列方向"的数据进行排序，表头数据自动添加到"主要关键字"中，如图1.5.18所示。

图1.5.18 打开"排序"对话框

如果取消"数据包含标题"选项，则A2:L2区域的表头数据将参与到排序中，"主要关键字"会自动添加为列标号，如图1.5.19所示。

（3）按照要求在"主要关键字"选项中选择"所属部门"，"排序依据"默认为"数值"不变，"次序"默认为"升序"不变。

因为一个部门有多个员工，此时单击"添加条件"按钮，在"次要关键字"中选择"员工姓名",对部门相同的员工数据第二次排序。

图 1.5.19 设置"排序"对话框

再次单击"添加条件"按钮,在"次要关键字"中选择"员工编号",可以对同一个部门出现的重名的员工进行第三次排序,如图 1.5.20 所示。

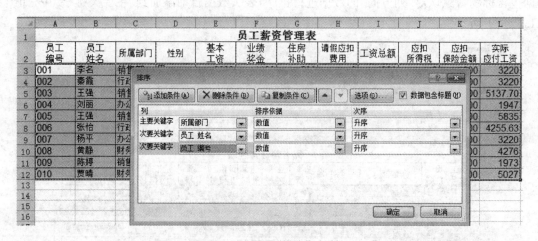

图 1.5.20 设置"排序"对话框

(4) 排序结果如图 1.5.21 所示。

员工编号	员工姓名	所属部门	性别	基本工资	业绩奖金	住房补助	请假应扣费用	工资总额	应扣所得税	应扣保险金额	实际应付工资
004	刘丽	办公室	女	2600	0	500	153	2947	0	1000	1947
007	杨平	办公室	女	2600	1120	500	0	4220	0	1000	3220
008	黄静	财务部	女	2600	2200	500	0	5300	24	1000	4276
010	贾晴	财务部	女	2600	3080	600	0	6280	53	1200	5027
002	秦霞	行政部	女	2600	1120	500	0	4220	0	1000	3220
006	张怡	行政部	女	2600	2200	500	21	5279	23.37	1000	4255.63
009	陈婷	销售部	女	2600	0	500	127	2973	0	1000	1973
001	李名	销售部	男	2600	1120	500	0	4220	0	1000	3220
003	王强	销售部	男	2600	3080	600	77	6203	65.30	1000	5137.70
005	王强	销售部	男	2800	3600	800	0	7200	165	1200	5835

图 1.5.21 排序结果

请思考：如何将员工薪资管理表依照实际应付工资进行降序排序？

1.5.3 数据筛选

要从庞大的数据中，挑选出我们感兴趣的某一类数据，可以借助于 Excel 的筛选功能。通过筛选，Excel 可以将我们并不感兴趣的数据隐藏起来，只显示符合条件的数据。依据筛选条件的复杂程度不同，可以分为自动筛选和高级筛选。

任务引入 1：图 1.5.22 所示是一张"员工薪资管理表"，利用自动筛选，筛选出属于销售部的所有人员名单。

员工编号	员工姓名	所属部门	性别	基本工资	业绩奖金	住房补助	请假应扣费用	工资总额	应扣所得税	应扣保险金额	实际应付工资
001	李名	销售部	男	2600	1120	500	0	4220	0	1000	3220
002	秦霞	行政部	女	2600	1120	500	0	4220	0	1000	3220
003	王强	销售部	男	2600	3080	600	77	6203	65.30	1000	5137.70
004	刘丽	办公室	女	2600	0	500	153	2947	0	1000	1947
005	王强	销售部	男	2800	3600	800	0	7200	165	1200	5835
006	张怡	行政部	女	2600	2200	500	21	5279	23.37	1000	4255.63
007	杨平	办公室	女	2600	1120	500	0	4220	0	1000	3220
008	黄静	财务部	女	2600	2200	500	0	5300	24	1000	4276
009	陈婷	销售部	女	2600	500	500	127	2973	0	1000	1973
010	贾晴	财务部	女	2600	3080	600	0	6280	53	1200	5027

图 1.5.22　员工薪资管理表

任务解决：

（1）选择表格数据区域 A2:L12，或者选中数据区域中的任意一个单元格，选择"数据"选项卡→"排序和筛选"组→"筛选"按钮，表头的每个单元格右下角会出现一个下拉按钮，如图 1.5.23 所示。

图 1.5.23　筛选按钮

（2）单击表头"所属部门"右下角的下拉按钮，在弹出的下拉框中选择"销售部"，如图 1.5.24 所示。

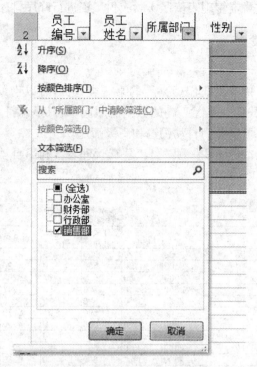

图 1.5.24 所属部门下拉菜单

（3）最终表格中只出现销售部门的所有人员信息，其他部门的人员信息被隐藏起来（注意是被隐藏，而不是被删除）。"所属部门"右下角的下拉按钮，变成 ，如图 1.5.25 所示。

	A	B	C	D	E	F	G	H	I	J	K	L
1	员工薪资管理表											
2	员工编号	员工姓名	所属部门	性别	基本工资	业绩奖金	住房补助	请假应扣费用	工资总额	应扣所得税	应扣保险金	实际应付工资
3	001	李名	销售部	男	2600	1120	500	0	4220	0	1000	3220
5	003	王强	销售部	男	2600	3080	600	77	6203	65.30	1000	5137.70
7	005	王强	销售部	男	2800	3600	800	0	7200	165	1200	5835
11	009	陈婷	销售部	女	2600	0	500	127	2973	0	1000	1973

图 1.5.25 筛选结果

请思考：如何筛选出工资总额高于 3500 元的员工信息？

任务引入 2：如图 1.5.22 所示"员工薪资管理表"，利用高级筛选功能筛选出"业绩奖金""工资总额"和"实际应付工资"都大于 2000 元的员工名单。

任务解决：

（1）单击图 1.5.25 所示的界面"所属部门"右下角的下拉按钮，在弹出的下拉框中选择"全选"，被隐藏的数据全部复原，如图 1.5.26、图 1.5.27 所示。再次选择"数据"选项卡→"排序和筛选"组→"筛选"按钮，可以退出自动筛选，所有表头数据单元格右下角的下拉按钮会消失。

（2）建立高级筛选的条件区域。复制字段名称"业绩奖金""工资总额"和"实际应付工资"至 F15:H15，在 F16:H16 中分别输入条件">2000"（在英文状态下输入），如图 1.5.28 所示。在高级筛选中，如果条件输入在同一行，表示条件之间是"与"的关系，筛选条件输入在不同行，表示条件之间是"或"的关系。

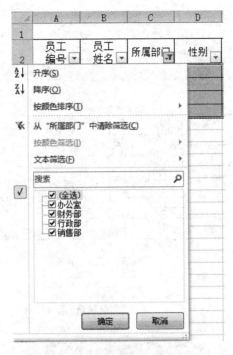

图 1.5.26 "所属部门"的下拉菜单

	A	B	C	D	E	F	G	H	I	J	K	L
1	员工薪资管理表											
2	员工编号	员工姓名	所属部门	性别	基本工资	业绩奖金	住房补助	请假应扣费用	工资总额	应扣所得税	应扣保险金	实际应付工资
3	001	李名	销售部	男	2600	1120	500	0	4220	0	1000	3220
4	002	秦霞	行政部	女	2600	1120	500	0	4220	0	1000	3220
5	003	王强	销售部	男	2600	3080	600	77	6203	65.30	1000	5137.70
6	004	刘丽	办公室	女	2600	0	500	153	2947	0	1000	1947
7	005	王强	销售部	男	2800	3600	800	0	7200	165	1200	5835
8	006	张怡	行政部	女	2600	2200	500	21	5279	23.37	1000	4255.63
9	007	杨平	办公室	女	2600	1120	500	0	4220	0	1000	3220
10	008	黄静	财务部	女	2600	2200	500	0	5300	24	1000	4276
11	009	陈婷	销售部	女	2600	0	500	127	2973	0	1000	1973
12	010	贾晴	财务部	女	2600	3080	600	0	6280	53	1200	5027

图 1.5.27 还原数据

(3) 选中"员工薪资管理表"中的任一单元格,选择"数据"选项卡→"排序与筛选"组→"筛选"按钮旁边的"高级"按钮,如图 1.5.28 所示。打开"高级筛选"对话框。

(4) 在"高级筛选"对话框中,选择"在原有区域显示筛选结果"的方式,在列表区域中选中 A2:L12 区域,条件区域中选中 F15:H16,如图 1.5.29 所示。单击"确定"按钮。

(5) 筛选结果如图 1.5.30 所示。若要恢复原数据区域,单击"数据"菜单中的"筛选"按钮旁边的"清除"按钮。

(6) 高级筛选中也可以选择"将筛选结果复制到其他位置",如图 1.5.31 所示。将筛选结果复制到以 A18 为起点的单元格区域。筛选结果如图 1.5.32 所示。

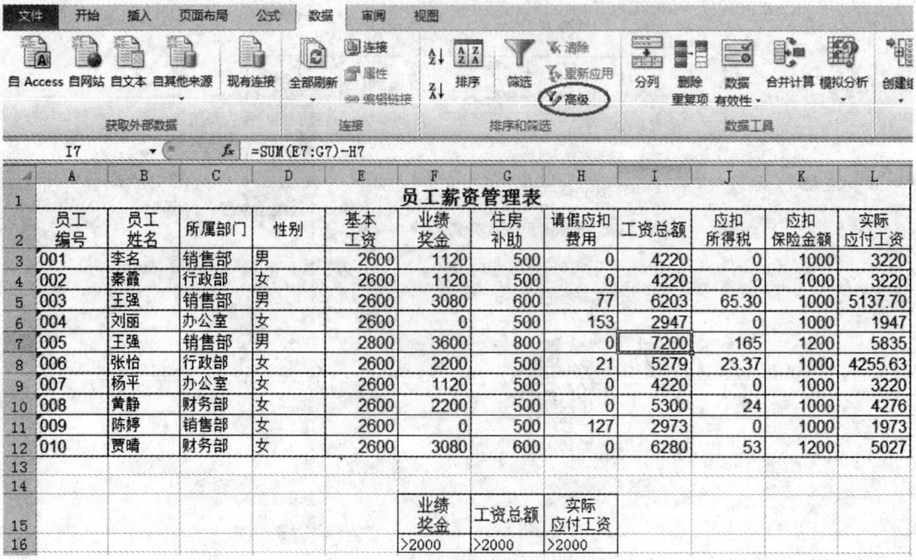

图 1.5.28 建立"高级筛选"条件区域

图 1.5.29 设置"高级筛选"对话框

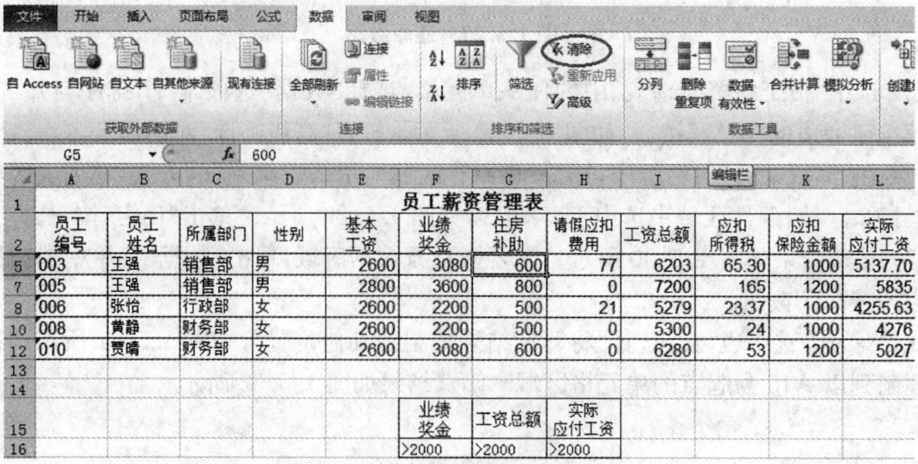

图 1.5.30 筛选结果

图 1.5.31　将筛选结果复制到其他位置

员工编号	员工姓名	所属部门	性别	基本工资	业绩奖金	住房补助	请假应扣费用	工资总额	应扣所得税	应扣保险金额	实际应付工资
\multicolumn{12}{|c|}{员工薪资管理表}											
001	李名	销售部	男	2600	1120	500	0	4220	0	1000	3220
002	秦霞	行政部	女	2600	1120	500	0	4220	0	1000	3220
003	王强	销售部	男	2600	3080	600	77	6203	65.30	1000	5137.70
004	刘丽	办公室	女	2600	0	500	153	2947	0	1000	1947
005	王强	销售部	男	2800	3600	800	0	7200	165	1200	5835
006	张怡	行政部	女	2600	2200	500	21	5279	23.37	1000	4255.63
007	杨平	办公室	男	2600	1120	500	0	4220	0	1000	3220
008	黄静	财务部	女	2600	2200	500	0	5300	24	1000	4276
009	陈婷	销售部	女	2600	0	500	127	2973	0	1000	1973
010	贾晴	财务部	女	2600	3080	600	0	6280	53	1200	5027
					业绩奖金	工资总额	实际应付工资				
					>2000	>2000	>2000				
员工编号	员工姓名	所属部门	性别	基本工资	业绩奖金	住房补助	请假应扣费用	工资总额	应扣所得税	应扣保险金额	实际应付工资
003	王强	销售部	男	2600	3080	600	77	6203	65.30	1000	5137.70
005	王强	销售部	男	2800	3600	800	0	7200	165	1200	5835
006	张怡	行政部	女	2600	2200	500	21	5279	23.37	1000	4255.63
008	黄静	财务部	女	2600	2200	500	0	5300	24	1000	4276
010	贾晴	财务部	女	2600	3080	600	0	6280	53	1200	5027

图 1.5.32　筛选结果

1.5.4　利用分类汇总对数据进行汇总

利用分类汇总功能,可以对数据按照指定的类别进行汇总统计,汇总的方式可以是计数、求和等。

任务引入 1(简单汇总): 将员工薪资管理表中(图 1.5.22)的"实际应付工资"按照所属部门进行汇总求和。

任务解决:

(1) 将员工薪资管理表中的数据按照"所属部门"进行排序,结果如图 1.5.33 所示。

(2) 选择"数据"选项卡→"分类显示"→"分类汇总"按钮,弹出"分类汇总"对话框。在"分类汇总"中选择"所属部门","汇总方式"中选择"求和","选定汇总项"中选择"实际应付工资",并选择"汇总结果显示在数据下方",如图 1.5.34 所示,单击"确定"。

(3) 分类结果如图 1.5.35 所示。

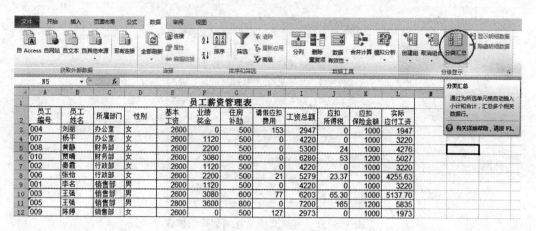

图1.5.33 "分类汇总"按钮

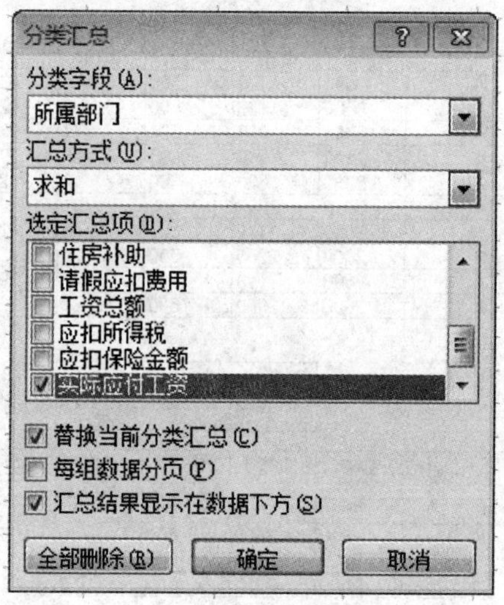

图1.5.34 "分类汇总"对话框的设置

请思考:此时出现在行号左边的"+""."" 1""2""3"按钮有何作用?请点击各按钮查看结果。

任务引入2(多重汇总):将员工薪资管理表中(图1.5.22)的"实际应付工资"按照所属部门进行汇总求和,并显示出每个部门最高"实际应付工资"。

任务解决:

(1) 重复操作任务引入1的任务解决,结果如图1.5.35所示。

(2) 再次单击"分类汇总"按钮,打开"分类汇总"对话框,在"分类字段"中选择"所属部门",在"汇总方式"中选择"最大值",在"选定汇总项"中选择"实际应付工资",并取消"替换当前分类汇总"。设置结果如图1.5.36所示。单击"确定"。

(3) 分类结果如图1.5.37所示。

任务引入3(嵌套汇总):汇总员工薪资管理表中(图1.5.22)各部门人数,以及各部门男、女员工的人数。

任务解决:

	A	B	C	D	E	F	G	H	I	J	K	L
1					员工薪资管理表							
2	员工编号	员工姓名	所属部门	性别	基本工资	业绩奖金	住房补助	请假应扣费用	工资总额	应扣所得税	应扣保险金额	实际应付工资
3	004	刘丽	办公室	女	2600	0	500	153	2947	0	1000	1947
4	007	杨平	办公室	女	2600	1120	500	0	4220	0	1000	3220
5			办公室汇总									5167
6	008	黄静	财务部	女	2600	2200	500	0	5300	24	1000	4276
7	010	贾晴	财务部	女	2600	3080	600	0	6280	53	1200	5027
8			财务部汇总									9303
9	002	秦霞	行政部	女	2600	1120	500	0	4220	0	1000	3220
10	006	张怡	行政部	女	2600	2200	500	21	5279	23.37	1000	4255.63
11			行政部汇总									7475.63
12	001	李名	销售部	男	2600	1120	500	0	4220	0	1000	3220
13	003	王强	销售部	男	2600	3080	600	77	6203	65.30	1000	5137.70
14	005	王强	销售部	男	2800	3600	800	0	7200	165	1200	5835
15	009	陈婷	销售部	女	2600	0	500	127	2973	0	1000	1973
16			销售部汇总									16165.7
17			总计									38111.3
18												

图 1.5.35　分类汇总的结果

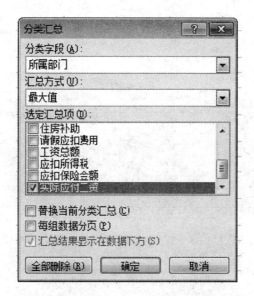

图 1.5.36　设置多重汇总

(1) 将工资表按照"所属部门"进行排序,结果如图 1.5.38 所示。

(2) 打开"分类汇总"对话框,在"分类字段"中选择"所属部门",在"汇总方式"中选择"计数",设置如图 1.5.39 所示。单击"确定"。

(3) 分类结果如图 1.5.40 所示。

(4) 再次打开"分类汇总"对话框,在"分类字段"中选择"性别",在"汇总方式"中选择"计数",在"选定汇总项"中选择"性别",并取消"替换当前分类汇总",设置如图 1.5.41 所示,单击"确定"。

(5) 分类汇总结果如图 1.5.42 所示。

注意:如果要取消分类汇总,单击"分类汇总"对话框中的"全部删除"即可。

	A	B	C	D	E	F	G	H	I	J	K	L
1	员工薪资管理表											
2	员工编号	员工姓名	所属部门	性别	基本工资	业绩奖金	住房补助	请假应扣费用	工资总额	应扣所得税	应扣保险金额	实际应付工资
3	004	刘丽	办公室	女	2600	0	500	153	2947	0	1000	1947
4	007	杨平	办公室	女	2600	1120	500	0	4220	0	1000	3220
5			办公室最大值									3220
6			办公室汇总									5167
7	008	黄静	财务部	女	2600	2200	500	0	5300	24	1000	4276
8	010	贾晴	财务部	女	2600	3080	600	0	6280	53	1200	5027
9			财务部最大值									5027
10			财务部汇总									9303
11	002	秦霞	行政部	女	2600	1120	500	0	4220	0	1000	3220
12	006	张怡	行政部	女	2600	2200	500	21	5279	23.37	1000	4255.63
13			行政部最大值									4255.63
14			行政部汇总									7475.63
15	001	李名	销售部	男	2600	1120	500	0	4220	0	1000	3220
16	003	王强	销售部	男	2600	3080	600	77	6203	65.30	1000	5137.70
17	005	王强	销售部	男	2800	3600	800	0	7200	165	1200	5835
18	009	陈婷	销售部	女	2600	0	500	127	2973	0	1000	1973
19			销售部最大值									5835
20			销售部汇总									16165.7
21			总计最大值									5835
22			总计									38111.3

图 1.5.37　汇总结果

	A	B	C	D	E	F	G	H	I	J	K	L
1	员工薪资管理表											
2	员工编号	员工姓名	所属部门	性别	基本工资	业绩奖金	住房补助	请假应扣费用	工资总额	应扣所得税	应扣保险金额	实际应付工资
3	004	刘丽	办公室	女	2600	0	500	153	2947	0	1000	1947
4	007	杨平	办公室	女	2600	1120	500	0	4220	0	1000	3220
5	008	黄静	财务部	女	2600	2200	500	0	5300	24	1000	4276
6	010	贾晴	财务部	女	2600	3080	600	0	6280	53	1200	5027
7	002	秦霞	行政部	女	2600	1120	500	0	4220	0	1000	3220
8	006	张怡	行政部	女	2600	2200	500	21	5279	23.37	1000	4255.63
9	001	李名	销售部	男	2600	1120	500	0	4220	0	1000	3220
10	003	王强	销售部	男	2600	3080	600	77	6203	65.30	1000	5137.70
11	005	王强	销售部	男	2800	3600	800	0	7200	165	1200	5835
12	009	陈婷	销售部	女	2600	0	500	127	2973	0	1000	1973

图 1.5.38　工资表按照"所属部门"进行排序

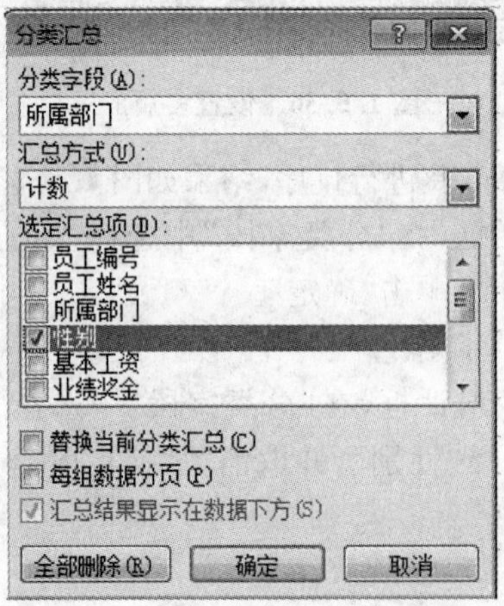

图 1.5.39　设置"分类汇总"对话框

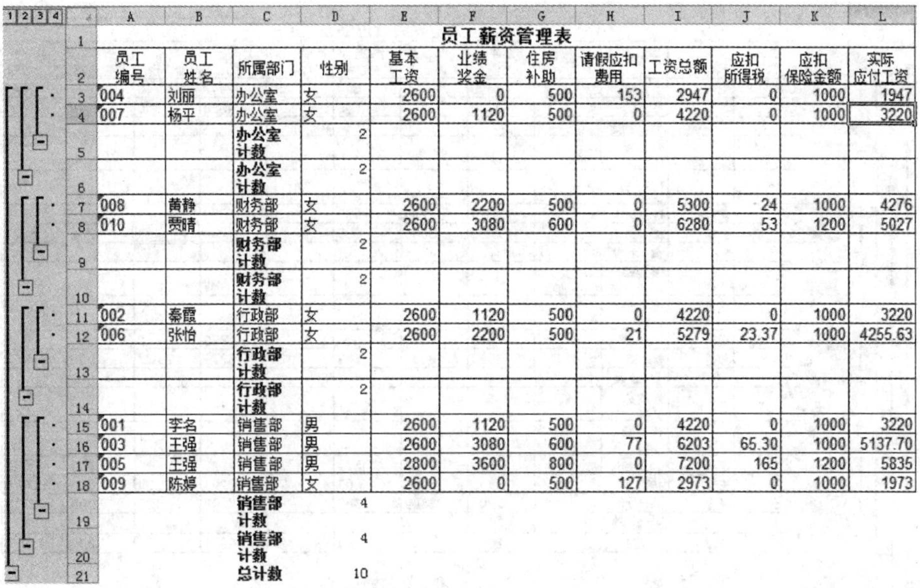

	员工编号	员工姓名	所属部门	性别	基本工资	业绩奖金	住房补助	请假应扣费用	工资总额	应扣所得税	应扣保险金额	实际应付工资
			员工薪资管理表									
3	004	刘丽	办公室	女	2600	0	500	153	2947	0	1000	1947
4	007	杨平	办公室	女	2600	1120	500	0	4220	0	1000	3220
5			办公室 计数		2							
6			办公室 计数		2							
7	008	黄静	财务部	女	2600	2200	500	0	5300	24	1000	4276
8	010	费晴	财务部	女	2600	3080	600	0	6280	53	1200	5027
9			财务部 计数		2							
10			财务部 计数		2							
11	002	秦霞	行政部	女	2600	1120	500	0	4220	0	1000	3220
12	006	张怡	行政部	女	2600	2200	500	21	5279	23.37	1000	4255.63
13			行政部 计数		2							
14			行政部 计数		2							
15	001	李名	销售部	男	2600	1120	500	0	4220	0	1000	3220
16	003	王强	销售部	男	2600	3080	600	77	6203	65.30	1000	5137.70
17	005	王强	销售部	男	2800	3600	800	0	7200	165	1200	5835
18	009	陈婷	销售部	女	2600	0	500	127	2973	0	1000	1973
19			销售部 计数		4							
20			销售部 计数		4							
21			总计数		10							

图 1.5.40 分类汇总结果

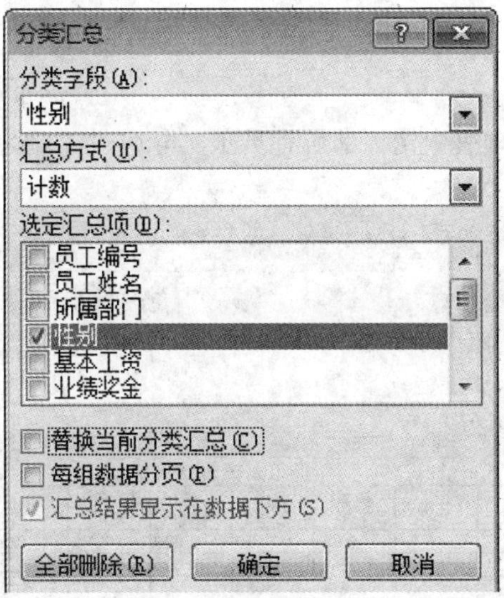

图 1.5.41 再次设置"分类汇总"对话框

1.5.5 利用条件求和函数进行汇总

利用 SUMIF 函数,可以根据指定条件对若干单元格求和。函数语法:SUMIF(指定区域 1,条件,指定区域 2),其中"指定区域 1"为用于条件判断的单元格区域,"指定区域 2"为需要求和的实际单元格区域,其中的"条件"是确定哪些单元格将被求和的条件,可以是数字、表达式或文本。

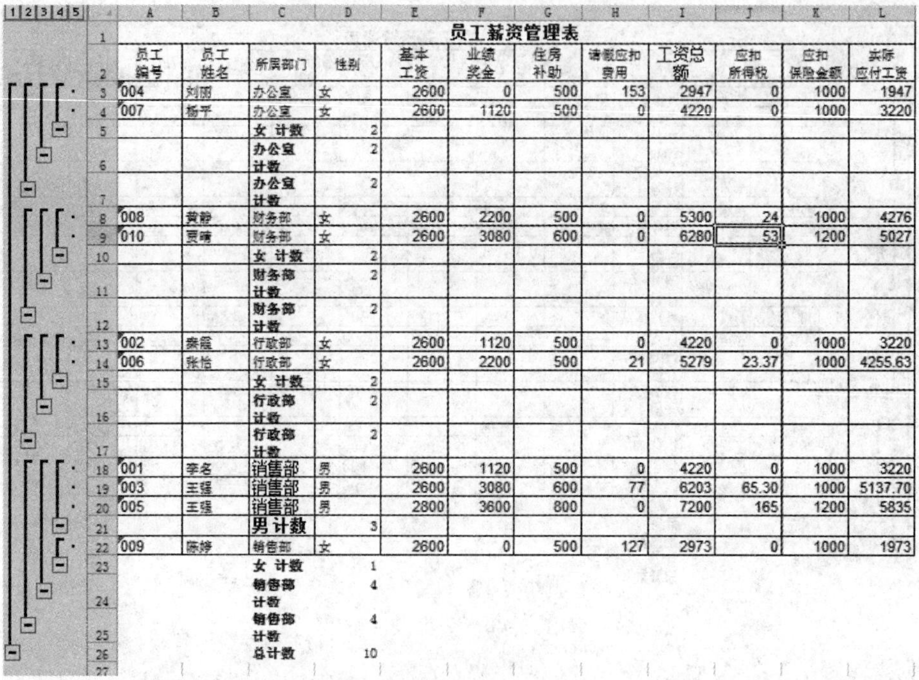

图 1.5.42 分类汇总结果

任务引入：

（1）计算员工薪资管理表中销售部所有员工实际应付工资之和，将结果返回到 D14，如图 1.5.43 所示。

图 1.5.43 插入函数

（2）计算员工薪资管理表中业绩奖金大于 3000 元的员工实际应付工资之和，将结果返回到 D15，如图 1.5.43 所示。

任务解决：

（1）鼠标选中 D14 单元格，选择"公式"选项卡→"插入函数"按钮，弹出"插入函数"对话框。或者单击 *fx* "插入函数"按钮，弹出"插入函数"对话框，如图 1.5.43 所示。

（2）在"插入函数"对话框中单击"或选择类别"为"常用函数"，在"选择函数"中选择"SUMIF"，单击"确定"，如图 1.5.44 所示。

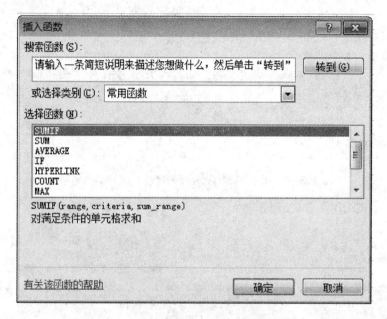

图 1.5.44 "插入函数"对话框的设置

（3）在"函数参数"对话框中，设置 SUMIF 函数的三个参数，在 Range(指定区域 1)中选择条件判断区域 C3:C12，在 Criteria(条件)中输入"销售部"，在 Sum_range(指定区域 2)中选择求和区域 L3:L12，如图 1.5.45 所示，单击"确定"。则返回到 D14 的结果为"16165.7"。

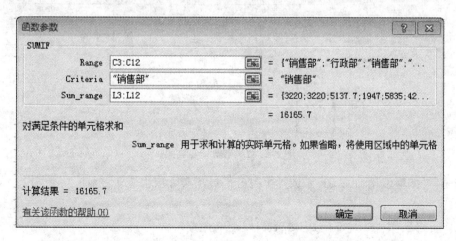

图 1.5.45 设置 SUMIF 函数的参数，返回 D14 的结果

(4) 单击 D15 单元格,打开"插入函数"对话框,选择"SUMIF"函数。

(5) 在"函数参数"对话框中,设置 SUMIF 函数的三个参数,在 Range(指定区域 1)中选择条件判断区域 F3:F12,在 Criteria(条件)中输入">3000",在 Sum_range(指定区域 2)中选择求和区域 L3:L12,如图 1.5.46 所示,单击"确定"。则返回到 D15 的结果为"15999.7"。

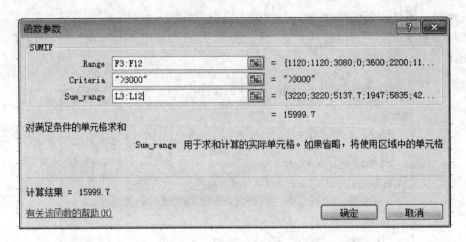

图 1.5.46 设置 SUMIF 函数的参数,返回 D15 的结果

(6) 计算结果如图 1.5.47 所示。

图 1.5.47 函数计算结果

请思考:如何使用 SUMIF 函数计算财务部员工实际应付工资之和?

1.5.6 利用合并计算进行汇总

利用 Excel 合并计算功能,可以将若干个工作表中的数据进行合并计算。

任务引入：如图 1.5.48 所示，某企业第二季度三个月各项支出费用在同一个工作簿的不同工作表中，合并计算每月的各项支出费用，计算结果和二季度各个月份支出费用的数据都处在同一个工作簿中。

图 1.5.48　某企业费用支出

任务解决：

（1）选择要返回结果的 B2 单元格为活动单元格，选择"数据"选项卡→"数据工具"组→"合并计算"工具按钮，如图 1.5.49 所示。

图 1.5.49　合并计算

（2）在弹出的"合并计算"对话框的"函数"中选择"求和"，在"引用位置"处单击，定位光标，再单击"四月"工作表标签，再用鼠标拖动选中 B2：B5 区域，单击"添加"按钮；用鼠标单击"五月"工作表标签，再用鼠标拖动选中 B2：B5 区域，单击"添加"按钮；同样的，用鼠标单击"六月"工作表标签，用鼠标拖动选中 B2：B5 区域，单击"添加"按钮，并选择"创建指向源数据的链接"，如图 1.5.50 所示，单击"确定"。

（3）合并计算结果如图 1.5.51 所示。在图 1.5.51 中，行号左侧出现的"1""2"和"＋"是分级显示或隐藏源数据的按钮。点击"＋"，结果如图 1.5.52 所示。

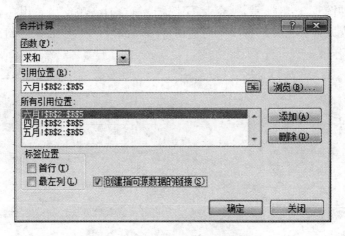

图 1.5.50 创建指向源数据的链接

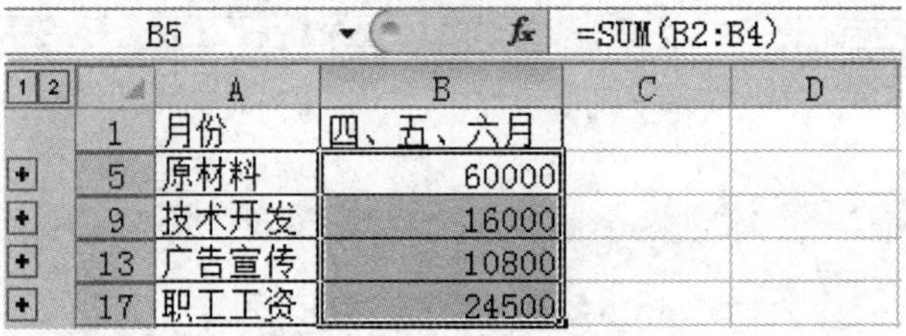

图 1.5.51 合并计算

图 1.5.52 计算结果

1.5.7 利用数据透视表对数据汇总

利用数据透视表，可以灵活地对数据进行多角度的处理和分析。数据透视表是通过动态改变版面布局的方式，对行号、列标和数据进行不同方向的排列组合，以达到不同角度数据处理和分析的要求。

任务引入：将员工薪资管理表制作成数据透视表。

任务解决：

（1）打开"员工薪资管理表"，将光标移动到数据区域的任一单元格，或选择数据区域，选择"插入"选项卡→"表格"组→"数据透视表"按钮，如图1.5.53所示。

图1.5.53 选择"数据透视表"按钮

（2）在弹出的"数据透视表"对话框中，在"请选择要分析的数据"中，选择"选择一个表或区域"选项，并用鼠标选定区域A2:L12，在"选择放置数据透视表的位置"中，选择"新工作表"选项，如图1.5.54所示。

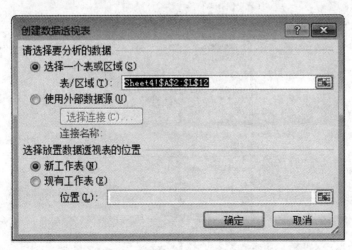

图1.5.54 设置"创建数据透视表"对话框

（3）此时选项卡出现"数据透视表工具"集合，源数据区域切换成数据透视表的编辑区域，如图1.5.55所示；编辑区域的右侧弹出"数据透视表字段列表"（此列表可以拖动），源数据的表头数据自动罗列到字段列表中以待拖动选择，如图1.5.56所示。

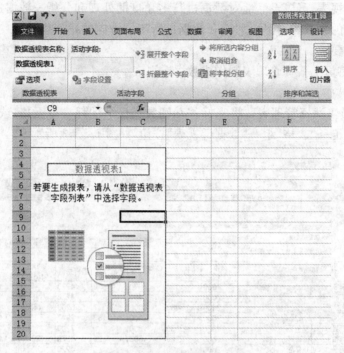

图1.5.55 "数据透视表"编辑区域

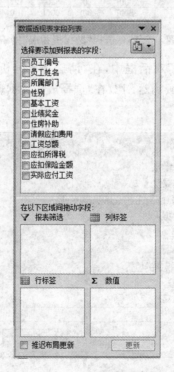

图1.5.56 数据透视表字段列表

（4）将字段用鼠标拖动到适当的位置上。例如，将"员工姓名"拖动到"行标签"，将"所属部门"拖动到"列标签"，将"工资总额"和"实际应付工资"等拖动到数值区域，也可以将感兴趣的字段拖动到"报表筛选"中以筛选出更精细的数据，如图1.5.57所示。

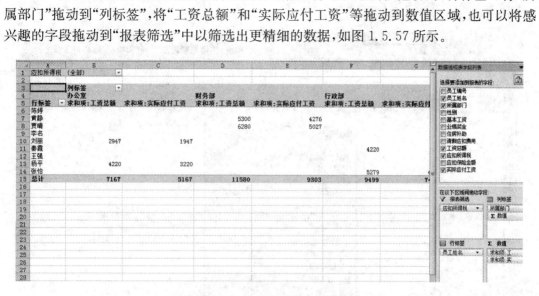

图 1.5.57　拖动字段至合适的位置

（5）利用数据透视表可以对数据进行分析。点击"列标签"的下拉按钮，选择"销售部"，数据透视表仅显示销售部门的相关数据，其余数据皆隐藏，如图1.5.58、图1.5.59所示。

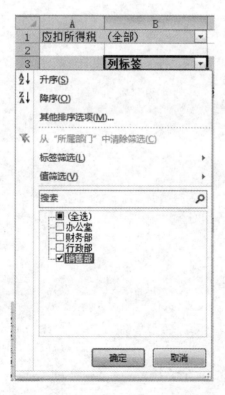

图 1.5.58　"列标签"

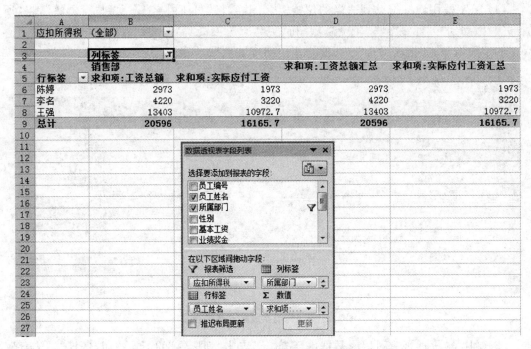

图1.5.59 仅显示销售部的数据

第 2 篇　利用 Excel 2010 设置会计核算系统

操作能力目标

1. 能够根据企业的实际，利用 Excel 建立工资核算的系统，实现工资核算的电算化。
2. 能根据企业的经济业务，建立序时账的模板。
3. 能根据序时账，建立记账凭证模板，实现记账凭证数据的自动生成，并且能查看和打印记账凭证，实现企业登填制凭证的电算化。
4. 能根据序时账，建立企业会计账簿，包括明细账、总账和日记账的模板，实现账簿数据的自动生成，实现企业登记账簿的电算化。
5. 能根据序时账，设置会计报表(资产负债表、利润表和现金流量表)的模板，实现账簿数据的自动生成，实现企业编制报表的电算化。

会计核算是会计工作的基础和重点，本篇的主要任务包括以下几个部分：

1. 工资核算系统的建立。
2. 根据经济业务输入序时账，根据序时账，设置记账凭证模板，使得能够自动生成记账凭证并打印。
3. 根据输入的序时账，设置登记会计账簿模板，同时进行试算平衡。
4. 根据序时账，编制企业会计报表。

学习任务 2.1　设置工资核算系统

任务引入：假如利民公司的员工工资构成有如下部分：基本工资，跟员工级别挂钩；工龄工资，随着年限每增加一年，月工资增加 50 元；绩效工资，按照公司的规定输入，如果是销售人员，按照规定的提成进行提成，如果不是销售人员，则按照当月的利润情况发放统一的绩效工资；加班工资，如果加班时间在 1~4 小时，按照半天算加班工资，如果加班时间在 4~8 小时，按照全天算加班工资；应发工资，是前几种工资的求和；所得税，按照我国个人所得税的计税方法进行核算；缺勤、请假扣费，缺勤时间在 1~4 小时，扣全天工资，请假时间在 1~4 小时，扣半天工资，缺勤时间在 4~8 小时，扣两天工资，请假时间在 4~8 小时，扣全天工资；代缴公积金，按照公司规定扣除；养老保险费，按照规定扣除。最后统计出当月员工的实发工资。

解决思路：根据公司工资核算的各项规定，计算各员工的应发工资和实发工资。

任务解决：

2.1.1 新建 Excel 2010 工作簿

新建 Excel 2010 工作簿，将工作簿命名为"员工工资核算系统"，在该工作簿中建立如下几张工作表，分别将其命名为：①"员工工资核算表"，该工作表用来核算员工每月工资以及用来制作打印员工工资条；②"员工基本信息表"，在该工作表中登记员工的基本信息以及所属部门和级别；③"级别工资表"，在该工作表中输入公司规定的级别与对应的基本工资；④"加班时间记录"，该表格用来登记员工每天的加班时间记录，核算员工的加班工资；⑤"请假与缺勤记录表"，该表格用来记录员工缺勤的时间；⑥"销售提成比例"，该工作表用来存放企业销售提成比例的规定；⑦"销售员的销售及提成"，用来存放企业具体销售人员的销售业绩和销售提成数据，如图 2.1.1 所示。

图 2.1.1 员工工资核算系统

2.1.2 完善各工作表原始数据的输入

（1）打开"员工工资核算表"，输入员工工资的构成标题与员工的编号，并将"应发工资"与"实发工资"两列设置成浅橙色背景，标题设置成浅灰色背景（背景颜色可根据大家的喜好自行设定），如图 2.1.2 所示。

员工编号	姓名	部门	基本工资	工龄工资	绩效工资	加班工资	应发工资	代扣所得税	请假与缺勤	代缴公积金	代扣养老保险费	实发工资
\multicolumn{13}{c}{天科实业公司2016年10月工资表}
1001												
1002												
1003												
1004												
1005												
1006												
1007												
1009												
1010												

图 2.1.2 员工工资核算表

（2）完善"员工基本信息表"工作表数据，如图 2.1.3 所示。

单击单元格 F3，点击单元格格式，设置数字类型为"常规"。在单元格中输入公式"=YEAR(now())－year(E3)"，按回车键，得出该员工的工龄，如图 2.1.4 所示。

函数说明：① NOW()函数，该函数功能是提取计算机系统的时间，参数为空，因此，使用该函数时，要将计算机系统时间设置为当前北京时间，以免计算错误。

	A	B	C	D	E	F	G	H
1				天科实业公司员工基本信息				
2	员工编号	姓名	部门	出生年月	参加工件年月	工龄	学历	级别
3	1001	林同	财务部	1981-12-1	2006年8月		硕士研究生	8
4	1002	李钢	财务部	1959-3-7	1979年9月		本科	4
5	1003	李芳	办公室	1986-7-3	2004年7月		本科	10
6	1004	刘明	办公室	1987-7-3	2004年8月		本科	10
7	1005	张晨	销售部	1982-6-4	2005年8月		大专	8
8	1006	薛明	销售部	1967-9-1	1986年8月		大专	5
9	1007	张仪	销售部	1975-7-8	1994年8月		中专	2
10	1009	向年	单证部	1983-8-9	2006年8月		本科	9
11	1010	向强	物流	1979-10-11	1999年9月		本科	8

图 2.1.3　企业员工信息表

	A	B	C	D	E	F	G	H
1				天科实业公司员工基本信息				
2	员工编号	姓名	部门	出生年月	参加工件年月	工龄	学历	级别
3	1001	林同	财务部	1981-12-1	2006年8月	11	硕士研究生	8
4	1002	李钢	财务部	1959-3-7	1979年9月		本科	4
5	1003	李芳	办公室	1986-7-3	2004年7月		本科	10
6	1004	刘明	办公室	1987-7-3	2004年8月		本科	10
7	1005	张晨	销售部	1982-6-4	2005年8月		大专	8
8	1006	薛明	销售部	1967-9-1	1986年8月		大专	5
9	1007	张仪	销售部	1975-7-8	1994年8月		中专	2
10	1009	向年	单证部	1983-8-9	2006年8月		本科	9
11	1010	向强	物流	1979-10-11	1999年9月		本科	8

图 2.1.4　计算员工工龄

② YEAR(serial_number)函数，参数 serial_number 为日期，可以是直接输入的日期、单元格地址以及函数。该函数功能是提取参数日期中的年份。将鼠标放在单元格 F3 右下角，出现填充柄标识时，按住并往下拖动，快速计算各位员工的工龄，如图 2.1.5 所示。

	A	B	C	D	E	F	G	H
1				天科实业公司员工基本信息				
2	员工编号	姓名	部门	出生年月	参加工件年月	工龄	学历	级别
3	1001	林同	财务部	1981-12-1	2006年8月	11	硕士研究生	8
4	1002	李钢	财务部	1959-3-7	1979年9月	38	本科	4
5	1003	李芳	办公室	1986-7-3	2004年7月	13	本科	10
6	1004	刘明	办公室	1987-7-3	2004年8月	13	本科	10
7	1005	张晨	销售部	1982-6-4	2005年8月	12	大专	8
8	1006	薛明	销售部	1967-9-1	1986年8月	31	大专	5
9	1007	张仪	销售部	1975-7-8	1994年8月	23	中专	2
10	1009	向年	单证部	1983-8-9	2006年8月	11	本科	9
11	1010	向强	物流	1979-10-11	1999年9月	18	本科	8

图 2.1.5　计算员工工龄

(3)点击"级别工资表"工作表,输入公司级别工资表数据,如图2.1.6所示。

	A	B
1	级别工资表	
2	级别	基本工资
3	1	4000
4	2	3860
5	3	3500
6	4	3354
7	5	3126
8	6	3000
9	7	2815
10	8	2632
11	9	2500
12	10	2265

图 2.1.6 级别工资表

(4)点击"加班时间记录"工作表,该工作表中数据一般来自于办公室或者基层记录,数据可能来自打卡机,或者手动记录的加班时间,如图2.1.7所示。

	A	B	C	D
1	2016年10月员工加班记录			
2	员工编号	员工姓名	加班起始时间	加班结束时间
3	1001	林同	2016/10/10 14:00	2016/10/10 16:20
4	1002	李钢	2016/10/2 9:20	2016/10/2 14:00
5	1003	李芳		
6	1004	刘明	2016/10/15 8:14	2016/10/15 15:00
7	1005	张晨		
8	1006	薛明	2016/10/19 10:00	2016/10/19 12:00
9	1007	张仪		
10	1009	向年	2016/10/22 14:07	2016/10/22 18:30
11	1010	向强	2016/10/28 12:00	2016/10/28 18:00

图 2.1.7 10月份员工加班记录

(5)点击"请假与缺勤记录表"工作表,该工作表中记录员工缺勤或者请假记录,数据来源类似于加班时间记录,如图2.1.8所示。

	A	B	C	D
1	2016年10月员工请假缺勤记录			
2	编号	姓名	请假时间(小时)	缺勤时间(小时)
3	1001	林同		
4	1002	李钢		2
5	1003	李芳	1	3
6	1004	刘明	4	
7	1005	张晨		1
8	1006	薛明	2.5	
9	1007	张仪		
10	1009	向年		
11	1010	向强	8	

图 2.1.8 10月份员工请假缺勤记录

2.1.3　计算员工各项工资,并统计各员工应发工资与实发工资

单击“员工工资核算表”工作表,使该工作表处于当前活动状态,根据合适函数,完成各项工资的输入。

(1) 返回员工姓名,单击单元格 B3,输入函数“=VLOOKUP(A3,员工基本信息表!$A$3:$B$999,2,0)”,如图 2.1.9 所示。

	A	B	C	D	E
1					
2	员工编号	姓名	部门	基本工资	工龄工资
3	1001	=vlookup(A3,员工基本信息表!$A$2:$B$999,2,0)			
4	1002				
5	1003				
6	1004				
7	1005				
8	1006				
9	1007				
10	1009				
11	1010				
12					

图 2.1.9　输入函数返回员工姓名

按回车键,得出编号为“1001”的员工姓名,如图 2.1.10 所示。

	A	B	C	D	E	F
1						天科实业
2	员工编号	姓名	部门	基本工资	工龄工资	绩效工资
3	1001	林同				
4	1002					
5	1003					
6	1004					
7	1005					
8	1006					
9	1007					
10	1009					
11	1010					
12						

图 2.1.10　得出员工编号为“1001”的员工姓名

然后将鼠标放在 B3 单元格右下角,利用填充柄,得出所有员工姓名,如图 2.1.11 所示。

注意:① 此处利用 VLOOKUP()函数,第二个参数是对查找区域的地址引用,必须是对地址的绝对引用,否则利用填充柄填充时,结果可能会出现错误。

② VLOOKUP()函数的第二个参数,选取的区域为“$A$2:$B$999”,目的是为今后企业可能增加的员工预留空间。

(2) 返回员工所在部门,根据员工编号,从“员工基本信息表”工作表中返回对应员工所在的部门。单击工作表“员工工资核算表”,单击单元格 C3,输入函数 “=VLOOKUP(A3,

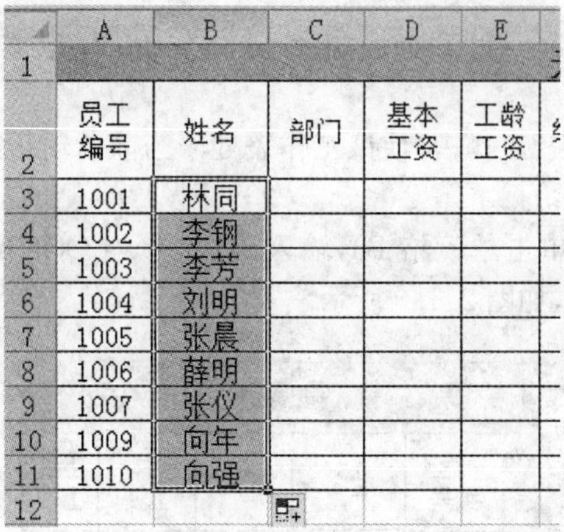

图 2.1.11 得出所有员工姓名

员工基本信息表！＄A＄3：＄C＄999,3,0)"，按回车键，得出编号为"1001"的员工所在的部门，如图 2.1.12 所示。

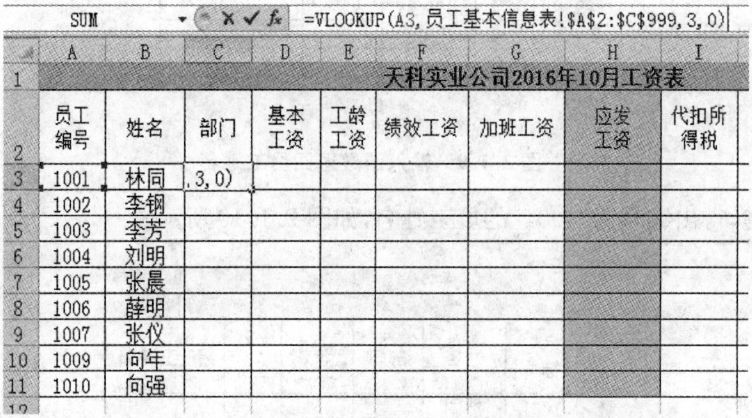

图 2.1.12 输入员工所在部门

利用填充柄，向下拖动，得出所有员工的所在部门，如图 2.1.13 所示。

同样，此处 VLOOKUP()函数，对查找区域的地址要绝对引用。否则，利用填充柄得出下面员工的部门，就可能不正确。

(3) 返回员工基本工资。单击 D3，输入函数"＝VLOOKUP(VLOOKUP(A3,员工基本信息表！＄A＄3：＄H＄999,8,0),级别工资表！＄A＄3：＄B＄999,2,0)"，如图 2.1.14 所示。

按回车键，得出编号为"1001"的员工基本工资为"2632"，如图 2.1.15 所示。

将鼠标放在 D3 单元格右下角，利用填充柄向下拖动，得出所有员工的基本工资，如图 2.1.16 所示。

(4) 求员工的工龄工资。根据公司规定，员工工作年限每增加一年，月工资增加 50。因此，根据 A3 单元格所示的员工编号，查找出该员工的工作年限，然后用工作年限乘以 50，得出员工的月工龄工资。单击单元格 E3，输入公式"＝VLOOKUP(A3,员工基本信息表！＄A＄3：＄F＄999,6,0)＊50"，如图 2.1.17 所示。

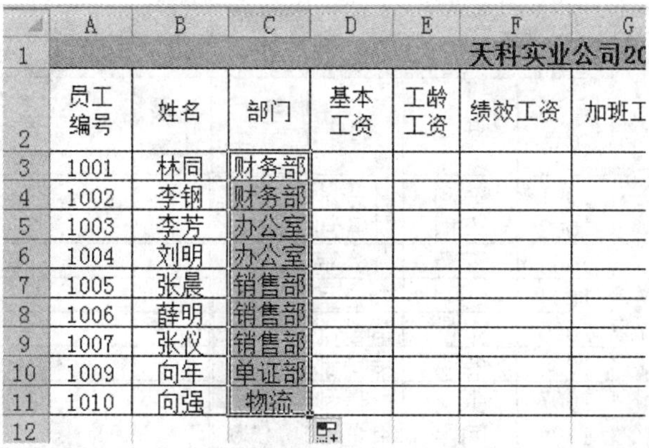

图 2.1.13　所有员工的所在部门

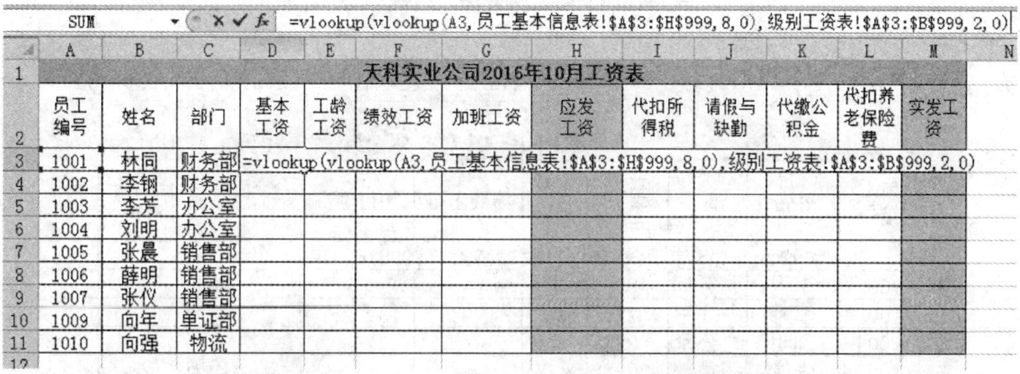

图 2.1.14　求编号为"1001"的员工的基本工资

图 2.1.15　得出员工编号为"1001"的员工的基本工资

按回车键,得出该员工每月工龄工资,如图 2.1.18 所示。

将鼠标放在 E3 单元格的右下角,利用填充柄,往下拖动,得出所有员工的工龄工资,如图 2.1.19 所示。

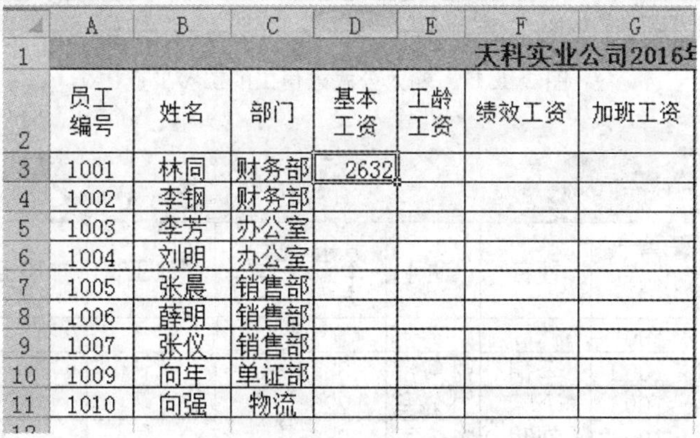

(5) 计算绩效工资。

① 在工作表"Sheet1"中输入公司销售人员的提成数据。该数据来源于公司规定,假如

图 2.1.16　得出所有员工的基本工资

图 2.1.17　输入公式求员工的工龄工资

图 2.1.18　得出编号为"1001"员工的工龄工资

	A	B	C	D	E	F	G	H	I
1	天科实业公司2016年10月工资表								
2	员工编号	姓名	部门	基本工资	工龄工资	绩效工资	加班工资	应发工资	代扣得税
3	1001	林同	财务部	2632	550				
4	1002	李钢	财务部	3354	1900				
5	1003	李芳	办公室	2265	650				
6	1004	刘明	办公室	2265	650				
7	1005	张晨	销售部	2632	600				
8	1006	薛明	销售部	3126	1550				
9	1007	张仪	销售部	3860	1150				
10	1009	向年	单证部	2500	550				
11	1010	向强	物流	2632	900				

图 2.1.19 得出所有员工的工龄工资

公司销售提成比例如图 2.1.20 所示。

	A	B
1	销售额	提成比例
2	0—20000	1%
3	20000—50000	1.50%
4	50000—100000	2%
5	100000—200000	3%
6	200000—	4%

图 2.1.20 公司销售人员提成比例

② 在工作表"Sheet2"中输入本月销售人员的销售额,如图 2.1.21 所示。此数据一般来源于销售部门。

	A	B	C	D	E
1	天科实业公司10月份销售人员销售额				
2	员工编号	员工姓名	部门	销售额	提成
3	1005	张晨	销售部	5000	
4	1006	薛明	销售部	110000	
5	1007	张仪	销售部	500000	

图 2.1.21 该公司 10 月份销售人员销售额情况表

根据 10 月销售额,计算出每个销售人员的提成。单击单元格 E3,输入函数"=IF(D3<=20000,D3*0.01,IF(D3<=50000,D3*0.15,IF(D3<=100000,D3*0.02,IF(D3<=200000,D3*0.03,D3*0.04))))",按回车键,得到该销售人员本月提成。将鼠标放在单元格 E3 右下角,利用填充柄,往下拖动,得出所有员工的本月提成,如图 2.1.22 所示。

③ 计算每个员工该月的绩效工资。如果是非销售人员,假如其绩效为 500;如果是销售人员,则绩效为其当月销售提成。

点击工作表"员工工资核算表",单击单元格 F3,输入函数"=IF(C3="销售部",VLOOKUP(A3,Sheet2!$A$3:$E$999,5,0),500)",如图 2.1.23 所示。

按回车键,得出该员工本月绩效,如图 2.1.24 所示。

E3			f_x	=IF(D3<=20000,D3*0.01,IF(D3<=50000,D3*0.15,IF(D3<=100000,D3*0.02,IF(D3<=200000,D3*0.03,D3*0.04))))							
	A	B	C	D	E	F	G	H	I	J	K	L

	A	B	C	D	E
1	天科实业公司10月份销售人员销售额				
2	员工编号	员工姓名	部门	销售额	提成
3	1005	张晨	销售部	5000	50
4	1006	薛明	销售部	110000	3300
5	1007	张仪	销售部	500000	20000

图 2.1.22　10月份销售人员销售提成

	A	B	C	D	E	F	G	H	I	J	K	L	M
1	天科实业公司2016年10月工资表												
2	员工编号	姓名	部门	基本工资	工龄工资	绩效工资	加班工资	应发工资	代扣所得税	请假与缺勤	代缴公积金	代扣养老保险费	实发工资
3	1001	林同	财务部	2632	550	=IF(C3="销售部",VLOOKUP(A3,销售员销售额及提成!$A$3:$E$999,5,0),500)							
4	1002	李钢	财务部	3354	1900								
5	1003	李芳	办公室	2265	650								
6	1004	刘明	办公室	2265	650								
7	1005	张晨	销售部	2632	600								
8	1006	薛明	销售部	3126	1550								
9	1007	张仪	销售部	3860	1150								
10	1009	向年	单证部	2500	550								
11	1010	向强	物流	2632	900								

图 2.1.23　求员工的绩效工资

	A	B	C	D	E	F	G	H
1	天科实业公司2016年10月工资							
2	员工编号	姓名	部门	基本工资	工龄工资	绩效工资	加班工资	应发工资
3	1001	林同	财务部	2632	550	500		
4	1002	李钢	财务部	3354	1900			
5	1003	李芳	办公室	2265	650			
6	1004	刘明	办公室	2265	650			
7	1005	张晨	销售部	2632	600			
8	1006	薛明	销售部	3126	1550			
9	1007	张仪	销售部	3860	1150			
10	1009	向年	单证部	2500	550			
11	1010	向强	物流	2632	900			

图 2.1.24　得出员工的 10 月份绩效工资

将鼠标放在单元格 F3 右下角,利用填充柄,往下拖动,得出所有员工本月绩效工资,如图 2.1.25 所示。

(6) 计算员工加班工资。

① 计算员工加班时间。

单击工作表"加班时间记录",单击单元格 E2,输入"加班时间",核算员工的加班工资。如图 2.1.26 所示。

单击单元格 E3,输入公式"＝ROUND((TEXT(D3－C3,"[m]")/60,0)",求出第一个员工 10 月份的加班时间,如图 2.1.27 所示。

按回车键,结果为 2,为第一个员工 10 月份加班的小时数,如图 2.1.28 所示。

将鼠标放在单元格 E3 的右下角,利用填充柄,往下拖动,得出每个员工的加班时间,如图 2.1.29 所示。

	A	B	C	D	E	F	G	H
1						天科实业公司2016年10月工资表		
2	员工编号	姓名	部门	基本工资	工龄工资	绩效工资	加班工资	应发工资
3	1001	林同	财务部	2632	550	500		
4	1002	李钢	财务部	3354	1900	500		
5	1003	李芳	办公室	2265	650	500		
6	1004	刘明	办公室	2265	650	500		
7	1005	张晨	销售部	2632	600	50		
8	1006	薛明	销售部	3126	1550	3300		
9	1007	张仪	销售部	3860	1150	20000		
10	1009	向年	单证部	2500	550	500		
11	1010	向强	物流	2632	900	500		

图 2.1.25　得出所有员工10月份绩效工资

	A	B	C	D
1			2016年10月员工加班记录	
2	员工编号	员工姓名	加班起始时间	加班结束时间
3	1001	林同	2016/10/10 14:00	2016/10/10 16:20
4	1002	李钢	2016/10/2 9:20	2016/10/2 14:00
5	1003	李芳		
6	1004	刘明	2016/10/15 8:14	2016/10/15 15:00
7	1005	张晨		
8	1006	薛明	2016/10/19 10:00	2016/10/19 12:00
9	1007	张仪		
10	1009	向年	2016/10/22 14:07	2016/10/22 18:30
11	1010	向强	2016/10/28 12:00	2016/10/28 18:00

图 2.1.26　员工加班记录

	A	B	C	D	E	F
1			2016年10月员工加班记录			
2	员工编号	员工姓名	加班起始时间	加班结束时间	加班时间	
3	1001	林同	2016/10/10 14:00	2016/10/10 16:20	=ROUND(TEXT(D3-C3,"[m]")/60,0)	
4	1002	李钢	2016/10/2 9:20	2016/10/2 14:00		
5	1003	李芳				
6	1004	刘明	2016/10/15 8:14	2016/10/15 15:00		
7	1005	张晨				
8	1006	薛明	2016/10/19 10:00	2016/10/19 12:00		
9	1007	张仪				
10	1009	向年	2016/10/22 14:07	2016/10/22 18:30		
11	1010	向强	2016/10/28 12:00	2016/10/28 18:00		

图 2.1.27　求员工加班时间

② 核算员工加班工资。

单击工作表"员工工资核算表",单击单元格 G3,输入公式"＝ROUND(IF(VLOOKUP(A3,加班时间记录!＄A＄3:＄E＄999,5,0)>＝1,IF(VLOOKUP(A3,加班时间记录!＄A＄3:＄E＄999,5,0)>＝4,员工工资核算表!D3/29,D3/29/2),0),2)",按回车键,得出第一个员工的加班工资,如图 2.1.30 所示。

	A	B	C	D	E
1	2016年10月员工加班记录				
2	员工编号	员工姓名	加班起始时间	加班结束时间	加班时间
3	1001	林同	2016/10/10 14:00	2016/10/10 16:20	2
4	1002	李钢	2016/10/2 9:20	2016/10/2 14:00	
5	1003	李芳			
6	1004	刘明	2016/10/15 8:14	2016/10/15 15:00	
7	1005	张晨			
8	1006	薛明	2016/10/19 10:00	2016/10/19 12:00	

图 2.1.28　得出第一个员工的加班时间

	A	B	C	D	E
1	2016年10月员工加班记录				
2	员工编号	员工姓名	加班起始时间	加班结束时间	加班时间
3	1001	林同	2016/10/10 14:00	2016/10/10 16:20	2
4	1002	李钢	2016/10/2 9:20	2016/10/2 14:00	5
5	1003	李芳			0
6	1004	刘明	2016/10/15 8:14	2016/10/15 15:00	7
7	1005	张晨			0
8	1006	薛明	2016/10/19 10:00	2016/10/19 12:00	2
9	1007	张仪			0
10	1009	向年	2016/10/22 14:07	2016/10/22 18:30	4
11	1010	向强	2016/10/28 12:00	2016/10/28 18:00	6

图 2.1.29　所有员工加班时间数

`=ROUND(IF(VLOOKUP(A3,加班时间记录!$A$3:$E$11,5,0)>=1,IF(VLOOKUP(A3,加班时间记录!$A$3:$E$11,5,0)>=4,员工工资核算表!D3/29,D3/29/2),0),2)`

图 2.1.30　求员工加班工资

按回车键，得到第一个员工加班结果。将鼠标放在单元格 G3 右下角，利用填充柄，往下拖动，得出所有员工的加班工资，如图 2.1.31 所示。

	E	F	G	H	I	J	K	L	M
	天科实业公司2016年10月工资表								
	工龄工资	绩效工资	加班工资	应发工资	代扣所得税	请假与缺勤	代缴公积金	代扣养老保险费	实发工资
	550	500	45.38						
	1900	500	115.66						
	650	500	0						
	650	500	78.1						
	600	50	0						
	1550	3300	53.9						
	1150	20000							
	550	500	86.21						
	900	500	90.76						

图 2.1.31　求出所有员工 10 月份加班工资

(7) 计算员工应发工资。

单击单元格 H3,输入公式"=SUM(D3:G3)",按回车键,得出第一个员工 10 月份的应发工资,如图 2.1.32 所示。

图 2.1.32 求出员工应发工资

利用填充柄,往下拖动,得出所有员工的应发工资,如图 2.1.33 所示。

图 2.1.33 求出所有员工的应发工资

(8) 计算员工个人所得税。

我国目前个人所得税免征额为 3500 元,对应纳税所得额,扣税标准如表 2.1.1 所示。

表 2.1.1 我国个人所得税扣税标准

级次	应纳税所得额(元)	税率	速算扣除数(元)
1	不超过 1500 的部分	3%	0
2	超过 1500 但不超过 4500 的部分	10%	105
3	超过 4500 但不超过 9000 的部分	20%	555
4	超过 9000 但不超过 35000 的部分	25%	1005
5	超过 35000 但不超过 55000 的部分	30%	2755
6	超过 55000 但不超过 80000 的部分	35%	5505
7	超过 80000 的部分	45%	13505

单击工作表"员工工资核算表",单击单元格 I3,输入函数"=IF((AND((H3-3500)>0,(H3-3500)<=1500)),(H3-3500)*0.03,0)+IF((AND((H3-3500)>1500,(H3-3500)<=4500)),(H3-3500)*0.1-105,0)+IF((AND((H3-3500)>4500,(H3-3500)<=9000)),(H3-3500)*0.2-555,0)+IF((AND((H3-3500)>9000,(H3-

3500)<=35000)),(H3-3500)*0.25-555,0)+IF((AND((H3-3500)>35000,(H3-3500)<=55000)),(H3-3500)*0.3-2755,0)+IF((AND((H3-3500)>55000,(H3-3500)<=80000)),(H3-3500)*0.35-5505,0)+IF((H3-3500)>=80000,(H3-3500)*0.45-13505,0)",按回车键,得出第一个员工的个人所得税,如图2.1.34所示。

	A	B	C	D	E	F	G	H	I	J
1	天科实业公司2016年10月工资表									
2	员工编号	姓名	部门	基本工资	工龄工资	绩效工资	加班工资	应发工资	代扣所得税	请假与缺勤
3	1001	林同	财务部	2632	550	500	45.38	3727.38	6.8214	
4	1002	李钢	财务部	3354	1900	500	115.66	5869.66		
5	1003	李芳	办公室	2265	650	500	0	3415		
6	1004	刘明	办公室	2265	650	500	78.1	3493.1		
7	1005	张晨	销售部	2632	600	50	0	3282		
8	1006	薛明	销售部	3126	1550	3300	53.9	8029.9		
9	1007	张仪	销售部	3860	1150	20000	0	25010		
10	1009	向年	单证部	2500	550	500	86.21	3636.21		
11	1010	向强	物流	2632	900	500	90.76	4122.76		

图2.1.34 求员工的个人所得税

将鼠标放在I3单元格的右下角,利用填充柄,往下拖动,得出所有员工的个人所得税,如图2.1.35所示。

	A	B	C	D	E	F	G	H	I	J
1	天科实业公司2016年10月工资表									
2	员工编号	姓名	部门	基本工资	工龄工资	绩效工资	加班工资	应发工资	代扣所得税	请假与缺勤
3	1001	林同	财务部	2632	550	500	45.38	3727.38	6.8214	
4	1002	李钢	财务部	3354	1900	500	115.66	5869.66	131.966	
5	1003	李芳	办公室	2265	650	500	0	3415	0	
6	1004	刘明	办公室	2265	650	500	78.1	3493.1	0	
7	1005	张晨	销售部	2632	600	50	0	3282	0	
8	1006	薛明	销售部	3126	1550	3300	53.9	8029.9	350.98	
9	1007	张仪	销售部	3860	1150	20000	0	25010	4822.5	
10	1009	向年	单证部	2500	550	500	86.21	3636.21	4.0863	
11	1010	向强	物流	2632	900	500	90.76	4122.76	18.6828	

图2.1.35 得出所有员工的个人所得税

函数说明:此处用到两个函数:IF函数与AND函数,AND函数用来判断员工应纳税所得额对应的税率范围,再用IF函数求出在对应范围内的所得税,如果不在该范围,则返回"0",然后再将各个范围内的所得税相加。

(9)计算员工请假缺勤扣费。

该公司10月份员工请假缺勤记录如图2.1.36所示。该表格可能来源于公司办公室部门,接下来计算每个员工本月所扣费用。

单击工作表"请假与缺勤记录表",单击单元格E3,输入公式"=ROUND(IF(AND(C3>=1,C3<=4),员工工资核算表!D3/29/2,0)+IF(C3>4,员工工资核算表!D3/29,0)+IF(AND(D3>=1,D3<=4),员工工资核算表!D3/29,0)+IF(员工工资核算表!D3>4,D3*2/29,0),2)",按回车键,得到第一个员工该月所扣费用,如图2.1.37所示。

	A	B	C	D	E
1	2016年10月员工请假缺勤记录				
2	编号	姓名	请假时间（小时）	缺勤时间（小时）	扣费
3	1001	林同			
4	1002	李钢		2	
5	1003	李芳	1	3	
6	1004	刘明	4		
7	1005	张晨		1	
8	1006	薛明	2.5		
9	1007	张仪			
10	1009	向年			
11	1010	向强	8		

图 2.1.36 员工请假缺勤记录表

	A	B	C	D	E
1	2016年10月员工请假缺勤记录				
2	编号	姓名	请假时间（小时）	缺勤时间（小时）	扣费
3	1001	林同			0
4	1002	李钢		2	
5	1003	李芳	1	3	
6	1004	刘明	4		
7	1005	张晨		1	
8	1006	薛明	2.5		
9	1007	张仪			
10	1009	向年			
11	1010	向强	8		

图 2.1.37 求员工请假缺勤扣费

将鼠标放在单元格 E3 右下角，利用填充柄，往下填充，得到所有员工本月所扣费用，如图 2.1.38 所示。

	A	B	C	D	E
1	2016年10月员工请假缺勤记录				
2	编号	姓名	请假时间（小时）	缺勤时间（小时）	扣费
3	1001	林同			0
4	1002	李钢		2	115.79
5	1003	李芳	1	3	117.36
6	1004	刘明	4		39.05
7	1005	张晨		1	90.83
8	1006	薛明	2.5		53.9
9	1007	张仪			0
10	1009	向年			0
11	1010	向强	8		90.76

图 2.1.38 所有员工股 2 月份请假缺勤扣费

单击工作表"员工工资核算表"，单击单元格 J3，输入公式"=VLOOKUP(A3,请假与缺勤记录表!\$A\$2:\$E\$999,5,0)"，按回车键，得到第一个员工的请假缺勤扣费，如图 2.1.39 所示。

干10月工资表					
应发工资	代扣所得税	请假与缺勤	代缴公积金	代扣养老保险费	实发工资
3727.38	6.8214	=VLOOKUP(A3,请假与缺勤记录表!$A$2:$E$999,5,0)			
5869.66	131.966				
3415	0				
3493.1	0				
3282	0				
8029.9	350.98				
25010	4822.5				
3636.21	4.0863				

图 2.1.39　计算员工请假与缺勤扣费

将鼠标放在单元格 J3 右下角,利用填充柄,往下拖动,得到所有员工的请假与缺勤扣费,如图 2.1.40 所示。

干10月工资表					
应发工资	代扣所得税	请假与缺勤	代缴公积金	代扣养老保险费	实发工资
3727.38	6.8214	0			
5869.66	131.966	115.79			
3415	0	117.36			
3493.1	0	39.05			
3282	0	90.83			
8029.9	350.98	53.9			
25010	4822.5	0			
3636.21	4.0863	0			
4122.76	18.6828	90.76			

图 2.1.40　所有员工的请假与缺勤扣费

(10) 计算公积金与养老保险费。

员工公积金与养老保险费都按照企业规定的核算方法扣除。

① 假设员工公积金按照当月基本工资的 20% 进行扣除,单击 K3 单元格,输入公式"=D3＊20%",如图 2.1.41 所示。

按回车键,得到第一个员工的公积金,并将鼠标放在 K3 单元格右下方,利用填充柄,得出所有员工的公积金,如图 2.1.42 所示。

② 假设员工养老保险每人每月都按 200 元标准扣除,则结果如图 2.1.43 所示。

(11) 计算员工实发工资。

单击工作表"员工工资核算表",单击单元格 M3,输入公式"＝H3－I3－J3－K3－L3",按回车键,得到第一个员工本月实发工资,如图 2.1.44 所示。

将鼠标放在单元格 M3 右下角,利用填充柄往下拖动,得到每个员工在 10 月份实发工资,如图 2.1.45 所示。

同理,可得出员工 11 月、12 月工资。

代扣所得税	请假与缺勤	代缴公积金	代扣养老保险费	实发工资
6.8214	0	=D3*20%		
131.966	115.79			
0	117.36			
0	39.05			
0	90.83			
350.98	53.9			
4822.5	0			
4.0863	0			
18.6828	90.76			

图 2.1.41　计算员工公积金

代扣所得税	请假与缺勤	代缴公积金	代扣养老保险费	实发工资
6.8214	0	526.4		
131.966	115.79	670.8		
0	117.36	453		
0	39.05	453		
0	90.83	526.4		
350.98	53.9	625.2		
4822.5	0	772		
4.0863	0	500		
18.6828	90.76	526.4		

图 2.1.42　得出所有员工公积金

代扣所得税	请假与缺勤	代缴公积金	代扣养老保险费	实发工资
6.8214	0	526.4	200	
131.966	115.79	670.8	200	
0	117.36	453	200	
0	39.05	453	200	
0	90.83	526.4	200	
350.98	53.9	625.2	200	
4822.5	0	772	200	
4.0863	0	500	200	
18.6828	90.76	526.4	200	

图 2.1.43　输入员工代扣的养老保险费

应发工资	代扣所得税	请假与缺勤	代缴公积金	代扣养老保险费	实发工资
3727.38	6.8214	0	526.4	200	=H3-I3-J3-K3-L3
5869.66	131.966	115.79	670.8	200	
3415	0	117.36	453	200	
3493.1	0	39.05	453	200	
3282	0	90.83	526.4	200	
8029.9	350.98	53.9	625.2	200	
25010	4822.5	0	772	200	

图 2.1.44 计算员工实发工资

应发工资	代扣所得税	请假与缺勤	代缴公积金	代扣养老保险费	实发工资
3727.38	6.8214	0	526.4	200	2994.2
5869.66	131.966	115.79	670.8	200	4751.1
3415	0	117.36	453	200	2644.6
3493.1	0	39.05	453	200	2801.1
3282	0	90.83	526.4	200	2464.8
8029.9	350.98	53.9	625.2	200	6799.8
25010	4822.5	0	772	200	19216
3636.21	4.0863	0	500	200	2932.1
4122.76	18.6828	90.76	526.4	200	3286.9

图 2.1.45 得出每个员工 10 月份实发工资

学习任务2.2 设置序时账格式并填入序时账数据

任务引入：以下是天科实业股份有限公司2016年10月、11月、12月发生的经济业务事项，要求设置序时账格式，并根据经济业务逐笔记录序时账。

10月经济业务

(1) 2016年10月1日，收回前欠货款1093330.51元，存入工商银行。

(2) 2016年10月2日，采购机器设备一台，取得增值税专用发票，价款为15000元，税款为2550元，用工商银行存款支付。

(3) 2016年10月3日，购买办公用品花800元，用现金支付。

(4) 2016年10月5日，职工李勇预借差旅费3000元，用现金支付。

(5) 2016年10月7日，用银行存款发放上月工资180414.80元。

(6) 2016年10月9日，缴纳公司应承担住房公积金22975.16元，缴纳代扣个人应交22975.16元，用银行存款支付。

(7) 2016 年 10 月 10 日,企业将一张商业承兑汇票贴现实际收回 28000 元,存入工商银行,支付贴现息 500 元。

(8) 2016 年 10 月 12 日,支付企业广告费 3500 元,用现金支付。

(9) 2016 年 10 月 15 日,计提固定资产折旧 144000 元,入管理费用科目。

(10) 2016 年 10 月 16 日,用工商银行存款向甲企业捐赠 5000 元。

(11) 2016 年 10 月 18 日,销售企业商品给上海威创公司,不含税价款 678800 元,税款为 115396 元,款项尚未收回。其中库存商品的成本为 343200 元。

(12) 2016 年 10 月 19 日,处置一台办公设备,该设备账面价值为 20000 元,已计提折旧 14400 元。

(13) 2016 年 10 月 26 日,用工商银行存款支付固定资产清理费用 2000 元。

(14) 2016 年 10 月 26 日,取得固定资产清理净收入 1000 元,存入工商银行账户。

(15) 2016 年 10 月 31 日,结转固定资产清理净损失 6600 元。

11 月经济业务

(1) 2016 年 11 月 1 日,收回上海威创紧固件公司前欠货款 794196 元,已存入工商银行。

(2) 2016 年 11 月 2 日,收到 2#楼本月租金 12000 元,已存入工商银行。

(3) 2016 年 11 月 3 日,支付本月管理人员租赁住房租金,该住房供本公司职工无偿使用 10400 元,已用工商银行存款支付。

(4) 2016 年 11 月 4 日,从工商银行提取备用金 5000 元。

(5) 2016 年 11 月 5 日,从太原利慧纸品包装有限公司购入装纸箱,不含税价款为 10700 元,取得增值税专用发票,用工商银行存款支付。

(6) 2016 年 11 月 6 日,支付行政部门报销电话费 1800 元,用库存现金支付。

(7) 2016 年 11 月 7 日,销售商品给上海群力紧固件公司,不含税价款为 1147500 元,已开出增值税专用发票,货款未收,其中,销售的库存商品成本是 603750 元。

(8) 2016 年 11 月 8 日,支付上月电费,开出增值税专用发票价款为 2520 元,税款为 151.2 元,用工商银行存款支付。

(9) 2016 年 11 月 8 日,支付上月水费,开出增值税专用发票价款为 4680 元,税款为 795.6 元,用工商银行存款支付。

(10) 2016 年 11 月 9 日,销售部门支付本月业务宣传费支出 18500 元,用工商银行存款支付。

(11) 2016 年 11 月 11 日,财务部张旭预借费用 2000 元,用库存现金支付。

(12) 2016 年 11 月 12 日,销售商品给上海京扬紧固件公司,不含税价款为 496375 元,已开出增值税专用发票,货款未收,其中,库存商品的成本为 311891.5 元。

(13) 2016 年 11 月 18 日,总经办报销业务招待费 2725 元,用库存现金支付。

(14) 2016 年 11 月 22 日,向太原惠达紧固件有限公司购买非专利技术用于产品生产,不含税价款为 190000 元,已开出增值税普通发票,用工商银行存款支付。

(15) 2016 年 11 月 28 日,总经办报销差旅费 2320 元,用库存现金支付。

(16) 2016 年 11 月 30 日,短期借款到期归还 600000 元,已用银行存款支付。

12月经济业务

(1) 2016年12月3日,天科实业股份有限公司取得银行借款80000元,期限为6个月,年利率为8%,款项已存入银行。

(2) 2016年12月6日,天科实业有限公司从嘉盛公司购入甲材料100吨,每吨600元,款项为60000元,增值税进项税额为10200元;丙材料5000千克,每千克为10元,计50000元,增值税为8500元,材料尚未入库,款项以银行存款支付。

(3) 2016年12月7日,天科实业有限公司从康乐公司购入乙材料5000千克,每千克8元,计40000元,增值税进项税额6800元,材料尚未入库,款项以商业承兑汇票结算。

(4) 2016年12月8日,收到上海群力公司前欠货款1342575元,上海京扬580758元,存入工商银行。

(5) 2016年12月9日,收到天翔公司的材料及发票账单,材料尚未入库。材料买价为10000元,增值税进项税为1700元,应付款项共计11700元,冲销原预付货款10000元,不足部分用工商银行存款补付。

(6) 2016年12月12日,结转已验收入库的三种材料的实际采购成本总额160000元。

(7) 2016年12月14日,天科实业有限公司结算本期生产产品耗用原材料合计54000元,其中,生产甲产品耗用50000元,车间一般耗用4000元。

(8) 2016年12月16日,天科实业有限公司结算本期应付生产工人的工资合计为12000元,其中,甲产品生产工人工资7000元,车间管理人员工资2000元,企业期末结算处本期应付企业行政管理人员工资3000元。

(9) 2016年12月18日,从银行提现12000元以备发工资。

(10) 2016年12月18日,发放本月工资12000元。

(11) 2016年12月18日,企业以工商银行存款支付广告费5000元。

(12) 2016年12月19日,企业管理人员李勇出差返回,凭据报销差旅费1700元,余额以现金退回。

(13) 2016年12月19日,天科实业股份有限公司计提本期生产车间的固定资产折旧4000元。

(14) 假设天科实业股份有限公司只生产甲产品一种产品,2016年12月19日分配结转本期发生的制造费用为10000元。

(15) 2016年12月20日,天科实业股份有限公司本期生产甲产品100件,假设期末全部完工,结转完工入库100件,实际成本为67000元。

(16) 2016年12月22日,天科实业股份有限公司销售甲产品60件,款项为72000元,增值税为12240元,已存入工商银行。

(17) 2016年12月25日,天科实业股份有限公司销售甲产品20件给上海宏大公司,款项为24000元,增值税为4080元,销售发票已经开出,但款项尚未收回。

(18) 2016年12月25日,天科实业股份有限公司期末结转已销80件甲产品的实际生产成本为53600元。

(19) 2016年12月29日,企业因违反合同而以工商银行存款支付罚款800元。

(20) 增值税纳税申报表——是会计部门根据账簿记录及其他相关记录计算本月应缴增值税的自制原始凭证,是编制的原始凭证。

(21) 2016 年 12 月 31 日,将本期各收入账户的期末贷方余额合计 96000 元转入"本年利润"账户。

解决思路:根据会计核算的要求,首先设置企业常用会计科目及其期初余额、现金流量项目、常用摘要和操作员,将数据存放在工作表"基础设置"里。然后根据企业发生的经济业务,依据会计核算借贷记账法,录入序时账。

任务解决:

新建工作簿,并将其命名为"会计核算系统",双击工作表标签"Sheet1",将其命名为"基础设置",该工作表用来存放企业基础设置相关数据;双击工作表标签"Sheet2",将其命名为"填制凭证(序时账)",该工作表用来存放根据经济业务输入的会计核算原始数据,该数据是后面进行记账凭证查询与打印、登记账簿和编制报表的基础,非常重要;双击工作表标签"Sheet3",将其命名为"凭证查询打印",该工作表用来查询与打印记账凭证;新增 6 张工作表,并分别将其命名为"10 月(存放 10 月份科目汇总数据)"、"11 月(存放 11 月份科目汇总数据)"、"12 月(存放 12 月份科目汇总数据)"、"明细账查询打印"(明细账簿)、"发生额及余额表(存放 10、11、12 月科目汇总数据)"、"总账查询打印"(总账),如图 2.2.1 所示。

图 2.2.1 定义会计核算系统工作表标签

2.2.1 进行基础设置

点击工作表"基础设置",对企业使用科目及代码、现金流量项目、常用摘要及操作员进行设置。

1. 科目设置

设置企业使用的科目及代码,如表 2.2.1 所示。

表 2.2.1 科目及代码设置　　　　　　　　　　　单位:元

	A	B	C	D	E
1	科目及期初余额				
2	科目代码	一级科目	明细科目	科目属性	期初余额
3	1001	库存现金		借	0
4	100101	库存现金	人民币	借	6000
5	1002	银行存款		借	0
6	100201	银行存款	工商银行	借	10000000
7	1121	应收票据		借	28500
8	1123	预付账款		借	10000
9	1122	应收账款		借	1093330.51
10	112201	应收账款	上海威创	借	0

续表

	A	B	C	D	E
11	112202	应收账款	上海群力	借	0
12	112203	应收账款	上海京扬	借	0
13	112204	应收账款	宏大	借	0
14	1221	其他应收款		借	0
15	122101	其他应收款	赵飞	借	0
16	122102	其他应收款	张旭	借	0
17	122103	其他应收款	李勇	借	0
18	1411	周转材料		借	0
19	1402	在途物资		借	0
20	140201	在途物资	甲材料	借	0
21	140202	在途物资	丙材料	借	0
22	140203	在途物资	乙材料	借	0
23	1403	原材料		借	0
24	1405	库存商品		借	0
25	140501	库存商品	甲产品	借	1258841.5
26	1601	固定资产		借	1000000
27	1602	累计折旧		贷	0
28	1606	固定资产清理		借	0
29	1701	无形资产		借	0
30	2001	短期借款		贷	0
31	200101	短期借款	花旗银行	贷	600000
32	2201	应付票据		贷	1070306.89
33	220101	应付票据	商业承兑汇票	贷	0
34	2202	应付账款		贷	0
35	2211	应付职工薪酬		贷	226365.12
36	221101	应付职工薪酬	非货币性福利	贷	0
37	221102	应付职工薪酬	住房公积金	贷	0
38	221103	应付职工薪酬	工资	贷	0
39	2221	应交税费		贷	0
40	222101	应交税费	应交增值税(进项税额)	贷	0
41	222102	应交税费	应交增值税(销项税额)	贷	0
42	222103	应交税费	未交增值税	贷	0

续表

	A	B	C	D	E
43	222104	应交税费	应交所得税	贷	0
44	2301	长期借款		贷	1000000
45	3101	股本		贷	10000000
46	4101	盈余公积		贷	500000
47	4103	本年利润		贷	10000000
48	4104	利润分配		贷	0
49	410401	利润分配	未分配利润	贷	10000000
50	5001	生产成本		借	0
51	500101	生产成本	甲产品	借	0
52	5101	制造费用		借	0
53	6001	主营业务收入		贷	0
54	6051	其他业务收入		贷	0
55	6301	营业外收入		贷	0
56	6401	主营业务成本		借	0
57	6601	销售费用		借	0
58	6602	管理费用		借	0
59	6603	财务费用		借	0
60	6711	营业外支出		借	0
61	671101	营业外支出	罚款支出	借	0
62	6801	所得税费用		借	

说明：在期初余额设置时，一级科目期初余额不一定等于其下各明细科目期初余额之和。为了方便后面进行科目汇总，在同时涉及一级科目和下面明细科目的时候，可分别根据实际计算情况进行科目余额的设置。比如，库存现金科目，由于在序时账数据输入的时候，库存现金都是人民币，为了避免在科目汇总的时候重复计算，将科目代码为"1001"的一级科目余额设置为0，科目代码为"100101"的明细科目余额设置为实际情况：6000元；另外，比如应收账款科目，在实际核算中，有一笔应收账款没有设置明细科目，金额是1093330.51元，而其他二级科目下余额都是0，那就根据实际情况，将应收账款期初余额设置为：1093330.51元，其他二级科目期初余额设置为0，如表2.2.1所示。用户在实际工作中，可根据本企业核算情况进行设置。

2. 设置现金流量项目

根据企业现金流的方向及引起事项，设置企业现金流量项目，点击工作表"基础设置"，选择区域G1:I27，输入现金流量项目，如图2.2.2所示。

选中区域H3:H24，插入名称"现金流量项目"，将其定义为"现金流量项目"，如图2.2.3所示。

项目编号	项目名称	方向
	现金流量项目	
00	现金之间的增减变动	
01	销售商品、提供劳务收到的现金	流入
02	收到的税费返还	流入
03	收到的其他与经营活动有关的现金	流入
04	购买商品、接受劳务支付的现金	流出
05	支付给职工以及为职工支付的现金	流出
06	支付的各项税费	流出
07	支付的其他与经营活动有关的现金	流出
08	收回投资所收到的现金	流入
09	取得投资收益所收到的现金	流入
10	处置固定资产、无形资产和其他长期资产收回的现金净额	流入
11	处置子公司及其他营业单位收到的现金净额	流入
12	收到的其他与投资活动有关的现金	流入
13	购建固定资产、无形资产和其他长期资产支付的现金	流出
14	投资支付的现金	流出
15	取得子公司及其他营业单位支付的现金净额	流出
16	支付的与其他投资活动有关的现金	流出
17	吸收投资收到的现金	流入
18	取得借款收到的现金	流入
19	收到的与其他筹资活动有关的现金	流入
20	偿还债务支付的现金	流出
21	分配股利、利润或偿还利息支付的现金	流出
22	支付的其他与筹资活动有关的现金	流出
23	汇率变动对现金及现金等价物的影响	流入
24	现金及现金等价物净增加额	流入

图 2.2.2　设置现金流项目

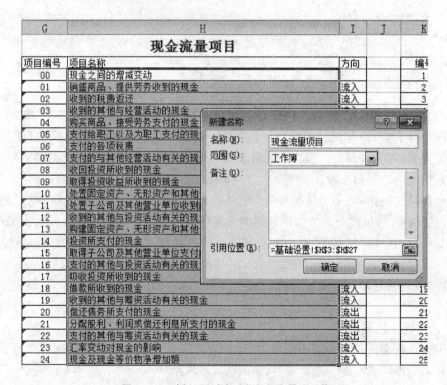

图 2.2.3　插入区域名称"现金流量项目"

单击“确定”,完成设置。

3. 对常用摘要进行设置

为了减轻序时账输入工作的准确性,可对企业经常使用的摘要进行设置,选择区域 K1:L27,输入摘要信息,如图 2.2.4 所示。

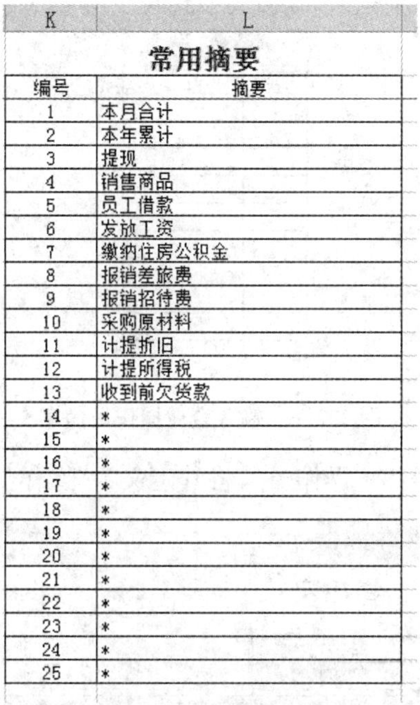

常用摘要

编号	摘要
1	本月合计
2	本年累计
3	提现
4	销售商品
5	员工借款
6	发放工资
7	缴纳住房公积金
8	报销差旅费
9	报销招待费
10	采购原材料
11	计提折旧
12	计提所得税
13	收到前欠货款
14	*
15	*
16	*
17	*
18	*
19	*
20	*
21	*
22	*
23	*
24	*
25	*

图 2.2.4　设置常用摘要

选中区域 L3:L27,插入名称“常用摘要”,将其定义为“常用摘要”,如图 2.2.5 所示。

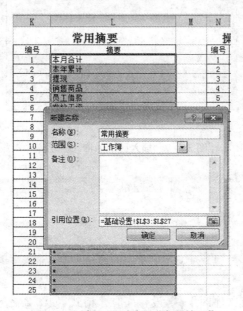

图 2.2.5　插入区域名称“常用摘要”

单击"确定",完成设置。

4. 设置操作员

对企业操作员进行设置,选择区域 N1:O11,设置操作员表格,并输入企业操作员信息,如图 2.2.6 所示。

图 2.2.6 输入企业操作员信息

选中区域 O3:O11,插入名称"操作员",将其定义为"操作员",如图 2.2.7 所示。

图 2.2.7 插入区域名称"操作员"

单击"确定",完成设置。

2.2.2 输入序时账

根据企业 2016 年 10 月、11 月、12 月发生的经济业务,输入序时账。

1. 绘制序时账格式

单击工作表"填制凭证(序时账)",设置序时账格式,如图 2.2.8 所示。

	A	B	C	D	E	F	G	H	I	J	K	L	M	N
1	2016年							天科实业公司序时账						
2	月	日	凭证号	摘要	科目代码	一级科目代码	一级科目	明细科目	现金流量项目	借方	贷方	附件	制单	复核
3														
4														
5														

图 2.2.8　绘制序时账格式

2. 设置模板函数

（1）单击单元格 F3，输入公式"＝LEFT(E3,4)＊1"，按回车键，得到对应一级科目代码，将鼠标放在单元格 F3 右下角，出现填充柄标志时，点住往下拖动，将公式复制到 F 列。

（2）单击单元格 G3，输入公式"＝IF(ISNA(VLOOKUP(E3,基础设置！＄A＄2:＄B＄1005,2,0)),"",VLOOKUP(E3,基础设置！＄A＄2:＄B＄1005,2,0))"，按回车键，得到对应一级科目，将鼠标放在单元格 G3 右下角，出现填充柄标志时，往下拖动，将公式复制到 G 列。

（3）单击单元格 H3，输入公式"＝IF(ISNA(VLOOKUP(E3,基础设置！＄A＄2:＄B＄1005,3,0)),"",VLOOKUP(E3,基础设置！＄A＄2:＄B＄1005,3,0))"，按回车键，得到对应明细科目，将鼠标放在单元格 H3 右下角，出现填充柄标志时，往下拖动，将公式复制到 H 列。

设计思路：根据企业 10 月发生的第一笔经济业务，在 E3 单元格填入对应的明细科目代码，根据在单元格 E3 输入的科目代码，在 F3 单元格输入 LEFT()函数，提取 E3 单元格科目代码的前四位，得到与 E3 单元格科目代码相一致的一级科目代码；然后对 G3 和 H3 单元格进行设置，输入 VLOOKUP()函数，根据 E3 单元格中的科目代码，在"基础设置"工作表中，提取与之对应的一级科目及明细科目。

（4）设置数据有效性。

① 单击单元格 D3，单击菜单"数据"，单击命令"数据有效性"，在弹出的"数据有效性"对话框中，选择如下信息："允许"→"序列"，"来源"→"＝常用摘要"。勾选"忽略空值"与"提供下拉箭头"，如图 2.2.9 所示。

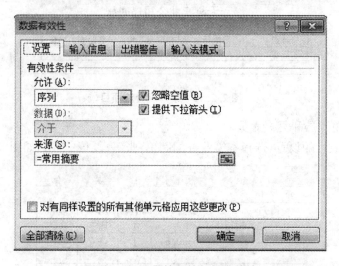

图 2.2.9　设置摘要的数据有效性

单击"确定"，然后将鼠标放在单元格 D3 右下角，出现填充柄标志时，往下拖动，将该设置复制到 D 列。

② 单击单元格 I3,按照①中步骤,设置其有效性来源为"=现金流量项目",然后复制到 I 列。
③ 单击单元格 M3,设置其有效性来源为"=操作员",然后复制到 M 列。
④ 单击单元格 N3,设置其有效性来源为"=操作员",然后复制到 N 列。

3. 根据业务,输入序时账原始数据

单击工作表"填制凭证(序时账)",根据 10 月份发生的经济业务,逐笔填入序时账信息,以 10 月份第一笔经济业务为例,填写序时账。10 月份第一笔经济业务是:

2016 年 10 月 1 日,收回前欠货款 1093330.51 元,存入工商银行。

(1) 该笔业务发生的"月"是"10","日"是"1",由于是第一份凭证,因此凭证号是"1",摘要为"收到前欠货款"。存入工商银行,因此借方科目的科目代码是"100201",借方发生额是"1093330.51";贷方科目代码是"1122",贷方发生额是"1093330.51"。

将以上数据依次填入相应单元格,如图 2.2.10 所示。

	A	B	C	D	E	F	G	H	I	J	K	L	M	N
1	2016年							天科实业公司序时账						
2	月	日	凭证号	摘要	科目代码	一级科目代码	一级科目	明细科目	现金流量项目	借方	贷方	附件	制单	复核
3	10	1	1	收回货款	100201	1002	银行存款	工商银行		1093330.51		1		
4	10	1	1	收回货款	1122	1122	应收账款		0		1093330.51	1		
5														

图 2.2.10 根据经济业务输入原始数据

注意:区域 A3:C4 数据直接根据经济业务输入;D3:D4 利用数据有效性选择常用摘要;E3:E4 科目代码根据经济业务直接输入;F3:H4 区域的单元格则根据设置的公式,结果自动返回;单元格 J3,K4,L3,L4 内容根据经济业务直接输入。

(2) 根据经济业务是否涉及现金流,进行现金流项目设置。

根据本笔经济业务,收到应收账款并存入银行,因此现金流项目是:销售商品、提供劳务收到的现金。单击单元格 I3,根据数据有效性,选择选项:销售商品、提供劳务收到的现金,如图 2.2.11 所示。

G	H	I
		天科实业公司序时账
一级科目	明细科目	现金流量项目
银行存款	工商银行	销售商品、提供劳务收到的现金 ▼
应收账款		0

图 2.2.11 设置现金流项目

(3) 设置制单人员和复核人员。

根据数据有效性的设置,选择本笔业务的制单:张三;复核:李四,如图 2.2.12 所示。

J	K	L	M	N
借方	贷方	附件	制单	复核
1093330.51		1	张三	李四
	1093330.51	1	张三	李四

图 2.2.12 设置制单人员与复核人员

(4) 根据 10 月份经济业务,依次输入序时账,并在最后一笔经济业务输入完成后,进行

结账：分别在 D68 和 D69 单元格输入本月合计和本年累计，分别如图 2.2.13、图 2.2.14、图 2.2.15 所示。

	A	B	C	D	E	F	G	H	I	J	K	L	M	N
1	2016年							天科实业公司序时账						
2	月	日	凭证号	摘要	科目代码	一级科目代码	一级科目	明细科目	现金流量项目	借方	贷方	附件	制单	复核
3	10	1	1	收回货款	100201	1002	银行存款	工商银行	销售商品、提供劳务收到的现金	1093330.51			张三	李四
4	10	1	1	收回货款	1122	1122	应收账款				1093330.51		张三	李四
5	10	2	2	采购机器	1601	1601	固定资产			15000		2	张三	李四
6	10	2	2	采购机器	222101	2221	应交税费	应交增值税（进项税额）		2550		2	张三	李四
7	10	2	2	采购机器	100201	1002	银行存款	工商银行	购建固定资产、无形资产和其他长期资产支付		17550	2	张三	李四
8	10	3	3	购买办公用品	6602	6602	管理费用			800		1	张三	李四
9	10	3	3	购买办公用品	100101	1001	库存现金	人民币	支付的其他与经营活动有关的现金		800	1	张三	李四
10	10	5	4	职工预借差旅费	122103	1221	其他应收款	李勇		3000		1	张三	李四
11	10	5	4	职工预借差旅费	100101	1001	库存现金	人民币	支付的其他与经营活动有关的现金		3000	1	张三	李四
12	10	7	5	发放工资	2211	2211	应付职工薪酬			180414.8		1	张三	李四
13	10	7	5	发放工资	100201	1002	银行存款	工商银行	支付给职工以及为职工支付的现金		180414.8	1	张三	李四
14	10	9	6	缴纳住房公积金	221102	2211	应付职工薪酬	住房公积金		22975.16		1	张三	李四
15	10	9	6	缴纳住房公积金	221103	2211	应付职工薪酬	工资		22975.16		1	张三	李四
16	10	9	6	缴纳住房公积金	100201	1002	银行存款	工商银行	支付给职工以及为职工支付的现金		45950.32	1	张三	李四
17	10	10	7	办理承兑汇票贴现	100201	1002	银行存款	工商银行	销售商品、提供劳务收到的现金	28000		1	张三	李四
18	10	10	7	办理承兑汇票贴现	6603	6603	财务费用			500		1	张三	李四
19	10	10	7	办理承兑汇票贴现	1121	1121	应收票据				28500	1	张三	李四
20	10	12	8	支付广告费	6601	6601	销售费用			3500		1	张三	李四
21	10	12	8	支付广告费	100101	1001	库存现金	人民币	购买商品、接受劳务支付的现金		3500	1	张三	李四
22	10	15	9	计提折旧	6602	6602	管理费用			14400		1	张三	李四
23	10	15	9	计提折旧	1602	1602	累计折旧				14400	1	张三	李四
24	10	16	10	捐赠	6711	6711	营业外支出			5000		1	张三	李四
25	10	16	10	捐赠	100201	1002	银行存款	工商银行	支付的其他与经营活动有关的现金		5000	1	张三	李四
26	10	18	11	销售产品	112201	1122	应收账款	上海威创		794196		1	张三	李四

图 2.2.13 10月份序时账（部分1）

	月	日	凭证号	摘要	科目代码	一级科目代码	一级科目	明细科目	现金流量项目	借方	贷方	附件	制单	复核
27	10	18	11	销售产品	6001	6001	主营业务收入				678800	1	张三	李四
28	10	18	11	销售产品	222102	2221	应交税费	应交增值税（销项税额）			115396	1	张三	李四
29	10	18	12	结转库存商品	6401	6401	主营业务成本			343200		1	张三	李四
30	10	18	12	结转库存商品	140501	1405	库存商品	甲产品			343200	1	张三	李四
31	10	19	13	注销固定资产	1606	1606	固定资产清理			5600		1	张三	李四
32	10	19	13	注销固定资产	1602	1602	累计折旧			14400		1	张三	李四
33	10	19	13	注销固定资产	1601	1601	固定资产				20000	1	张三	李四
34	10	26	14	支付整修费用	1606	1606	固定资产清理			2000		1	张三	李四
35	10	26	14	支付整修费用	100201	1002	银行存款	工商银行	购买商品、接受劳务支付的现金		2000	1	张三	李四
36	10	26	15	取得处理固定资产净收入	100201	1002	银行存款	工商银行	处置固定资产、无形资产和其他	1000		1	张三	李四
37	10	26	15	取得处理固定资产净收入	1606	1606	固定资产清理				1000	1	张三	李四
38	10	31	16	结固定资产处理净损益	6711	6711	营业外支出			6600		1	张三	李四
39	10	31	16	结固定资产处理净损益	1606	1606	固定资产清理				6600	1	张三	李四
40	10	31	17	计提本月管理部门电费	6602	6602	管理费用			2671.2		1	张三	李四
41	10	31	17	计提本月管理部门电费	222101	2221	应交税费	应交增值税（进项税额）		151.2		1	张三	李四
42	10	31	17	计提本月管理部门电费	2202	2202	应付账款				2520	1	张三	李四
43	10	31	18	计提本月管理部门水费	6602	6602	管理费用			5475.6		1	张三	李四
44	10	31	18	计提本月管理部门水费	222101	2221	应交税费	应交增值税（进项税额）		795.6		1	张三	李四
45	10	31	18	计提本月管理部门水费	2202	2202	应付账款				4680	1	张三	李四
46	10	31	19	收入结转	6001	6001	主营业务收入			678800		1	张三	李四
47	10	31	19	收入结转	4103	4103	本年利润				678800	1	张三	李四
48	10	31	20	费用结转	4103	4103	本年利润			27346.8		1	张三	李四
49	10	31	20	费用结转	6602	6602	管理费用				23346.8	1	张三	李四
50	10	31	20	费用结转	6603	6603	财务费用				500	1	张三	李四

图 2.2.14 10月份序时账（部分2）

	月	日	凭证号	摘要	科目代码	一级科目代码	一级科目	明细科目	现金流量项目	借方	贷方	附件	制单	复核
49	10	31	20	费用结转	6602	6602	管理费用				23346.8	1	张三	李四
50	10	31	20	费用结转	6603	6603	财务费用				500	1	张三	李四
51	10	31	20	费用结转	6601	6601	销售费用				3500	1	张三	李四
52	10	31	21	结转营业外支出	4103	4103	本年利润			11600		1	张三	李四
53	10	31	21	结转营业外支出	6711	6711	营业外支出				11600	1	张三	李四
54	10	31	22	成本结转	4103	4103	本年利润			343200		1	张三	李四
55	10	31	22	成本结转	6401	6401	主营业务成本				343200	1	张三	李四
56	10	31	23	计提本月所得税	6801	6801	所得税费用			74163.3		1	张三	李四
57	10	31	23	计提本月所得税	222104	2221	应交税费	应交所得税			74163.3	1	张三	李四
58	10	31	24	结转所得税费用	4103	4103	本年利润			74163.3		1	张三	李四
59	10	31	24	结转所得税费用	6801	6801	所得税费用				74163.3	1	张三	李四
60	10	31	25	利润结转	4103	4103	本年利润			222489.9		1	张三	李四
61	10	31	25	利润结转	410401	4104	利润分配	未分配利润			222489.9	1	张三	李四
62	10	31	26	计算本月增值税	222101	2221	应交税费			2550		1	张三	李四
63	10	31	26	计算本月增值税	222101	2221	应交税费	应交增值税（进项税额）			2550	1	张三	李四
64	10	31	27	计算本月增值税	222101	2221	应交税费	应交增值税（进项税额）		946.8		1	张三	李四
65	10	31	27	计算本月增值税	222103	2221	应交税费	未交增值税			946.8	1	张三	李四
66	10	31	28	计算本月增值税	222102	2221	应交税费	应交增值税（销项税额）		115396		1	张三	李四
67	10	31	28	计算本月增值税	222103	2221	应交税费	未交增值税			115396	1	张三	李四
68	10			本月合计										
69	10			本年累计										

图 2.2.15 10月份序时账（部分3）

（5）对"本月合计"与"本年累计"两行区域进行条件格式设置，将其背景设置为橙色。

① 选择区域 A3:N999,点击菜单"条件格式",单击命令"新建格式规则",在弹出的命令框中选择"使用公式确定要设置格式的单元格"。并输入公式"=OR($D3="本月合计",$D3="本年累计")",如图 2.2.16 所示。

图 2.2.16　输入条件格式的设置公式

② 点击按钮"格式",选择"填充",选择颜色橙色,如图 2.2.17 所示。

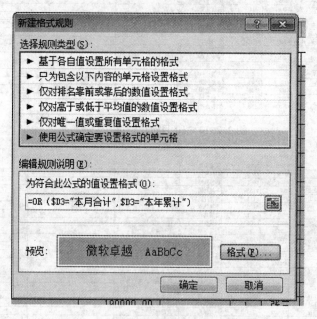

图 2.2.17　设置符合条件的单元格格式

③ 单击"确定",完成设置。

(6) 根据 11、12 月经济业务,输入 11、12 月的序时账,分别如图 2.2.18、图 2.2.19、图 2.2.20、图 2.2.21、图 2.2.22、图 2.2.23、图 2.2.24 所示。

68	10		本月合计										
69	10		本年累计										
70	11	1	1	收回前欠货款	100201	1002	银行存款	工商银行	销售商品、提供劳务收到的现金	794196		1	张三	李四
71	11	1	1	收回前欠货款	112201	1122	应收账款	上海威创			794196	1	张三	李四
72	11	2	2	收回租金	100201	1002	银行存款	工商银行	收到的其他与经营活动有关的现金	12000		1	张三	李四
73	11	2	2	收回租金	6051	6051	其他业务收入				12000	1	张三	李四
74	11	3	3	计提管理人员住房租金	6602	6602	管理费用			10400		1	张三	李四
75	11	3	3	应付管理人员住房租金	221101	2211	应付职工薪酬	非货币性福利			10400	1	张三	李四
76	11	3	4	支付职工住房租金	221101	2211	应付职工薪酬	非货币性福利		10400		1	张三	李四
77	11	3	4	支付职工住房租金	100201	1002	银行存款	工商银行	支付给职工以及为职工支付的现金		10400	1	张三	李四
78	11	4	5	提取备用金	100101	1001	库存现金	人民币	现金之间的增减变动	45000		1	张三	李四
79	11	4	5	提取备用金	100201	1002	银行存款	工商银行	现金之间的增减变动		45000	1	张三	李四
80	11	5	6	购入纸箱	1411	1411	周转材料			10700		1	张三	李四
81	11	5	6	购入纸箱	222101	2221	应交税费	应交增值税（进项税额）		1819		1	张三	李四
82	11	5	6	购入纸箱	100201	1002	银行存款	工商银行	购买商品、接受劳务支付的现金		12519	1	张三	李四
83	11	6	7	支付行政部门电话费	6602	6602	管理费用			1800		1	张三	李四
84	11	6	7	支付行政部门电话费	100101	1001	库存现金	人民币	购买商品、接受劳务支付的现金		1800	1	张三	李四
85	11	7	8	销售商品	112202	1122	应收账款	上海群力		1342575		1	张三	李四
86	11	7	8	销售商品	6001	6001	主营业务收入				1147500	1	张三	李四
87	11	7	8	销售商品	222102	2221	应交税费	应交增值税（销项税额）			195075	1	张三	李四
88	11	7	9	结转销售成本	6401	6401	主营业务成本			603750		1	张三	李四
89	11	7	9	结转销售成本	140501	1405	库存商品	甲产品			603750	1	张三	李四
90	11	8	10	支付上月电费	2202	2202	应付账款			2520		1	张三	李四
91	11	8	10	支付上月电费	222101	2221	应交税费	应交增值税（进项税额）		151.2		1	张三	李四

图 2.2.18　11 月序时账（部分 1）

92	11	8	10	支付上月电费	100201	1002	银行存款	工商银行	购买商品、接受劳务支付的现金		2671.2	1	张三	李四
93	11	8	11	支付上月水费	2202	2202	应付账款			4580		1	张三	李四
94	11	8	11	支付上月水费	222101	2221	应交税费	应交增值税（进项税额）		795.6		1	张三	李四
95	11	8	11	支付上月水费	100201	1002	银行存款	工商银行	购买商品、接受劳务支付的现金		5375.6	1	张三	李四
96	11	9	12	支付业务宣传费	6601	6601	销售费用			18500		1	张三	李四
97	11	9	12	支付业务宣传费	100201	1002	银行存款	工商银行			18500	1	张三	李四
98	11	11	13	员工借款	122102	1221	其他应收款	张旭		2000		1	张三	李四
99	11	11	13	员工借款	100101	1001	库存现金	人民币	支付的其他与经营活动有关的现金		2000	1	张三	李四
100	11	12	14	销售商品	112203	1122	应收账款	上海京扬		580758		1	张三	李四
101	11	12	14	销售商品	6001	6001	主营业务收入				496375	1	张三	李四
102	11	12	14	销售商品	222102	2221	应交税费	应交增值税（销项税额）			84383	1	张三	李四
103	11	12	15	结转销售成本	6401	6401	主营业务成本			311891.5		1	张三	李四
104	11	12	15	结转销售成本	140501	1405	库存商品	甲产品			311891.5	1	张三	李四
105	11	18	16	报销招待费	6602	6602	管理费用			2725		1	张三	李四
106	11	18	16	报销招待费	100101	1001	库存现金	人民币	购买商品、接受劳务支付的现金		2725	1	张三	李四
107	11	22	17	购买非专利技术	1701	1701	无形资产			190000		1	张三	李四
108	11	22	17	购买非专利技术	100201	1002	银行存款	工商银行	投资支付的现金		190000	1	张三	李四
109	11	28	18	报销差旅费	6602	6602	管理费用			2320		1	张三	李四
110	11	28	18	报销差旅费	100101	1001	库存现金	人民币	购买商品、接受劳务支付的现金		2320	1	张三	李四
111	11	30	19	归还短期借款	200101	2001	短期借款	花旗银行		600000		1	张三	李四
112	11	30	19	归还短期借款	100201	1002	银行存款	工商银行	偿还债务支付的现金		600000	1	张三	李四
113	11	30	20	收入结转	6001	6001	主营业务收入			1643875		1	张三	李四
114	11	30	20	收入结转	6051	6051	其他业务收入			12000		1	张三	李四
115	11	30	20	收入结转	4103	4103	本年利润				1655875	1	张三	李四

图 2.2.19　11 月序时账（部分 2）

116	11	30	21	费用结转	4103	4103	本年利润			35745		1	张三	李四
117	11	30	21	费用结转	6602	6602	管理费用				17245	1	张三	李四
118	11	30	21	费用结转	6601	6601	销售费用				18500	1	张三	李四
119	11	30	22	销售结转	4103	4103	本年利润			915641.5		1	张三	李四
120	11	30	22	销售结转	6401	6401	主营业务成本				915641.5	1	张三	李四
121	11	30	23	计提本月所得税	6801	6801	所得税费用			160747.1		1	张三	李四
122	11	30	23	计提本月所得税	222104	2221	应交税费	应交所得税			160747.1	1	张三	李四
123	11	30	24	结转所得税费用	4103	4103	本年利润			160747.1		1	张三	李四
124	11	30	24	结转所得税费用	6801	6801	所得税费用				160747.1	1	张三	李四
125	11	30	25	利润结转	4103	4103	本年利润			543741.4		1	张三	李四
126	11	30	25	利润结转	410401	4104	利润分配	未分配利润			543741.4	1	张三	李四
127	11	30	26	计算本月增值税	222103	2221	应交税费			2765.8		1	张三	李四
128	11	30	26	计算本月增值税	222101	2221	应交税费	应交增值税（进项税额）			2765.8	1	张三	李四
129	11	30	27	计算本月增值税	222102	2221	应交税费	应交增值税（销项税额）		279458		1	张三	李四
130	11	30	27	计算本月增值税	222103	2221	应交税费	未交增值税			279458	1	张三	李四
131	11			本月合计						12421945.73	12421945.7			
132				本年累计										
133	12	3	1	取得短期银行贷款	100201	1002	银行存款	工商银行	取得借款收到的现金	80000		1	张三	李四
134	12	3	1	取得短期银行贷款	200101	2001	短期借款	花旗银行			80000	1	张三	李四
135	12	6	2	采购原材料	140201	1402	在途物资	甲材料		60000		1	张三	李四
136	12	6	2	采购原材料	140202	1402	在途物资	丙材料		50000		1	张三	李四
137	12	6	2	采购原材料	222101	2221	应交税费	应交增值税（进项税额）		18700		1	张三	李四
138	12	6	2	采购原材料	100201	1002	银行存款	工商银行	购买商品、接受劳务支付的现金		128700	1	张三	李四
139	12	7	3	采购原材料	140203	1402	在途物资	乙材料		40000		1	张三	李四

图 2.2.20　12 月序时账（部分 1）

110	12	18	11	支付广告费	100201	1002	银行存款	工商银行	购买商品、接受劳务支付的现金	5000.00	1	张三	李四
111	12	19	12	报销差旅费	6602	6602	管理费用	0		1700.00	1	张三	李四
112	12	19	12	报销差旅费	100101	1001	库存现金	人民币	购买商品、接受劳务支付的现金	1300.00	1	张三	李四
113	12	19	12	报销差旅费	122103	1221	其他应收款	李勇		3000.00	1	张三	李四
114	12	19	13	计提折旧	5101	5101	制造费用	0		4000.00	1	张三	李四
115	12	19	13	计提折旧	1602	1602	累计折旧	0		4000.00	1	张三	李四
116	12	19	14	结转制造费	500101	5001	生产成本	甲产品		10000.00	1	张三	李四
117	12	19	14	结转制造费	5101	5101	制造费用	甲产品		10000.00	1	张三	李四
118	12	20	15	产品入库	140501	1405	库存商品	甲产品		67000.00	1	张三	李四
119	12	20	15	产品入库	5001	5001	生产成本	甲产品		67000.00	1	张三	李四
120	12	22	16	销售商品	100201	1002	银行存款	工商银行	销售商品、提供劳务收到的现金	84240.00	1	张三	李四
121	12	22	16	销售商品	6001	6001	主营业务收入	0		72000.00	1	张三	李四
122	12	22	16	销售商品	222102	2221	应交税费	应交增值税(销项税额)		12240.00	1	张三	李四
123	12	25	17	销售商品	1221	1221	其他应收款			28080.00	1	张三	李四
124	12	25	17	销售商品	6001	6001	主营业务收入	0		24000.00	1	张三	李四
125	12	25	17	销售商品	222102	2221	应交税费	应交增值税(销项税额)		4080.00	1	张三	李四
126	12	25	18	结转销售成	6401	6401	主营业务成本	0		53600.00	1	张三	李四
127	12	25	18	结转销售成	1405	1405	库存商品	0		53600.00	1	张三	李四
128	12	29	19	罚款支出	671101	6711	营业外支出	罚款支出		800.00	1	张三	李四
129	12	29	19	罚款支出	100201	1002	银行存款	工商银行	支付的与其他经营活动有关的现金	800.00	1	张三	李四
130	12	31	20	计算本月增	222103	2221	应交税费	未交增值税		27200.00	1	张三	李四
131	12	31	20	计算本月增	222101	2221	应交税费	应交增值税(进项税额)		27200.00	1	张三	李四
132	12	31	20	计算本月增	222102	2221	应交税费	应交增值税(销项税额)		16320.00	1	张三	李四
133	12	31	20	计算本月增	222103	2221	应交税费	未交增值税		16320.00	1	张三	李四
134	12	31	21	收入结转	6001	6001	主营业务收入	0		96000.00	1	张三	李四
135	12	31	21	收入结转	4103	4103	本年利润	0		96000.00	1	张三	李四
136	12	31	22	费用结转	4103	4103	本年利润	0		64100.00	1	张三	李四
137	12	31	22	费用结转	6401	6401	主营业务成本	0		53600.00	1	张三	李四
138	12	31	22	费用结转	6601	6601	销售费用	0		5000.00	1	张三	李四
139	12	31	22	费用结转	6602	6602	管理费用	0		4700.00	1	张三	李四

图 2.2.21　12月序时账(部分 2)

140	12	7	3	采购原材料	222101	2221	应交税费	应交增值税(进项税额)		6800	1	张三	李四
141	12	7	3	采购原材料	220101	2201	应付票据	商业承兑汇票		46800	1	张三	李四
142	12	8	4	收到欠货款	100201	1002	银行存款	工商银行	销售商品、提供劳务收到的现金	1923333	1	张三	李四
143	12	8	4	收到欠货款	112202	1122	应收账款	上海群力		1342575	1	张三	李四
144	12	8	4	收到欠货款	112203	1122	应收账款	上海京扬		580758	1	张三	李四
145	12	9	5	采购原材料	1402	1402	在途物资			10000	1	张三	李四
146	12	9	5	采购原材料	222101	2221	应交税费	应交增值税(进项税额)		1700	1	张三	李四
147	12	9	5	采购原材料	1123	1123	预付账款			10000	1	张三	李四
148	12	9	5	采购原材料	100201	1002	银行存款	工商银行	购买商品、接受劳务支付的现金	1700	1	张三	李四
149	12	12	6	结转材料成本	1403	1403	原材料	0		160000	1	张三	李四
150	12	12	6	结转材料成本	1402	1402	在途物资			10000	1	张三	李四
151	12	12	6	结转材料成本	140201	1402	在途物资	甲材料		60000	1	张三	李四
152	12	12	6	结转材料成本	140202	1402	在途物资	丙材料		50000	1	张三	李四
153	12	12	6	结转材料成本	140203	1402	在途物资	乙材料		40000	1	张三	李四
154	12	14	7	结算耗用原材料	500101	5001	生产成本	甲产品		50000	1	张三	李四
155	12	14	7	结算耗用原材料	5101	5101	制造费用			4000	1	张三	李四
156	12	14	7	结算耗用原材料	1403	1403	原材料	0		54000	1	张三	李四
157	12	16	8	结算工资成本	500101	5001	生产成本	甲产品		7000	1	张三	李四
158	12	16	8	结算工资成本	5101	5101	制造费用			2000	1	张三	李四
159	12	16	8	结算工资成本	6602	6602	管理费用			3000	1	张三	李四
160	12	16	8	结算工资成本	2211	2211	应付职工薪酬			12000	1	张三	李四
161	12	18	9	提现	100101	1001	库存现金	人民币	现金之间的增减变动	12000	1	张三	李四
162	12	18	9	提现	100201	1002	银行存款	工商银行	现金之间的增减变动	12000	1	张三	李四
163	12	18	10	发放本月工资	2211	2211	应付职工薪酬			12000	1	张三	李四

图 2.2.22　12月序时账(部分 3)

164	12	18	10	发放本月工资	100101	1001	库存现金	人民币	支付给职工以及为职工支付的现金	12000	1	张三	李四
165	12	18	11	支付广告费	6601	6601	销售费用	0		5000	1	张三	李四
166	12	18	11	支付广告费	100201	1002	银行存款	工商银行	购买商品、接受劳务支付的现金	5000	1	张三	李四
167	12	19	12	报销差旅费	6602	6602	管理费用	0		1700	1	张三	李四
168	12	19	12	报销差旅费	100101	1001	库存现金	人民币	购买商品、接受劳务支付的现金	1300	1	张三	李四
169	12	19	12	报销差旅费	122103	1221	其他应收款	李勇		3000	1	张三	李四
170	12	19	13	计提折旧	5101	5101	制造费用	0		4000	1	张三	李四
171	12	19	13	计提折旧	1602	1602	累计折旧	0		4000	1	张三	李四
172	12	19	14	结转制造费用	500101	5001	生产成本	甲产品		10000	1	张三	李四
173	12	19	14	结转制造费用	5101	5101	制造费用	甲产品		10000	1	张三	李四
174	12	20	15	产品入库	140501	1405	库存商品	甲产品		67000	1	张三	李四
175	12	20	15	产品入库	5001	5001	生产成本	甲产品		67000	1	张三	李四
176	12	22	16	销售商品	100201	1002	银行存款	工商银行	销售商品、提供劳务收到的现金	84240	1	张三	李四
177	12	22	16	销售商品	6001	6001	主营业务收入	0		72000	1	张三	李四
178	12	22	16	销售商品	222102	2221	应交税费	应交增值税(销项税额)		12240	1	张三	李四
179	12	25	17	销售商品	112204	1122	应收账款	宏大		28080	1	张三	李四
180	12	25	17	销售商品	6001	6001	主营业务收入	0		24000	1	张三	李四
181	12	25	17	销售商品	222102	2221	应交税费	应交增值税(销项税额)		4080	1	张三	李四
182	12	25	18	结转销售成本	6401	6401	主营业务成本	0		53600	1	张三	李四
183	12	25	18	结转销售成本	140501	1405	库存商品	甲产品		53600	1	张三	李四
184	12	29	19	罚款支出	671101	6711	营业外支出	罚款支出		800	1	张三	李四
185	12	29	19	罚款支出	100201	1002	银行存款	工商银行	支付的其他与经营活动有关的现金	800	1	张三	李四
186	12	31	20	计算本月增值税	222103	2221	应交税费	未交增值税		27200	1	张三	李四
187	12	31	20	计算本月增值税	222101	2221	应交税费	应交增值税(进项税额)		27200	1	张三	李四

图 2.2.23　12月序时账(部分 4)

188	12	31	20	计算本月增值税	222102	2221	应交税费	应交增值税（销项税额）		16320		1	张三	李四
189	12	31	20	计算本月增值税	222103	2221	应交税费	未交增值税			16320	1	张三	李四
190	12	31	21	收入结转	6001	6001	主营业务收入	0	98000			1	张三	李四
191	12	31	21	收入结转	4103	4103	本年利润	0			98000	1	张三	李四
192	12	31	22	费用结转	4103	4103	本年利润	0	64100			1	张三	李四
193	12	31	22	费用结转	6401	6401	主营业务成本	0			53600	1	张三	李四
194	12	31	22	费用结转	6601	6601	销售费用	0			5000	1	张三	李四
195	12	31	22	费用结转	6602	6602	管理费用	0			4700	1	张三	李四
196	12	31	22	费用结转	671101	6711	营业外支出	罚款支出			800	1	张三	李四
197	12	31	23	计提所得税	6801	6801	所得税费用	0	8650			1	张三	李四
198	12	31	23	计提所得税	222104	2221	应交税费	应交所得税			8650	1	张三	李四
199	12	31	24	所得税费用结转	4103	4103	本年利润	0	8650			1	张三	李四
200	12	31	24	所得税费用结转	6801	6801	所得税费用	0			8650	1	张三	李四
201	12	31	25	利润结转	4103	4103	本年利润	0	23250			1	张三	李四
202	12	31	25	利润结转	410401	4104	利润分配	未分配利润			23250	1	张三	李四
203	12	31	26	支付本季度所得税	222104	2221	应交税费	应交所得税	243560.4			1	张三	李四
204	12	31	26	支付本季度所得税费用	100201	1002	银行存款	工商银行	支付的各项税费		243560.4	1	张三	李四
205				本月合计						28027876.86	28027876.9			
206	12			本年累计										

图 2.2.24　12 月序时账（部分 5）

至此，10 月、11 月、12 月序时账输入完成。

学习任务 2.3　设置标准格式的记账凭证模板

解决思路：会计资料最终要以纸质资料形式保存，因此要将记录的序时账数据填制到标准格式的记账凭证，并且打印记账凭证。首先根据记账凭证的标准格式，绘制记账凭证，然后设置相应函数，将序时账中的相应数据通过函数导入记账凭证。

任务解决：

2.3.1　绘制记账凭证格式

单击工作表"凭证查询打印"，选择区域 D3：P19，绘制记账凭证格式，并去除网格线，如图 2.3.1 所示。

图 2.3.1　绘制记账凭证

2.3.2 设置记账凭证模板,实现序时账数据的自动导入

1. 设计思路

为了实现序时账数据的自动导入,我们可以利用VLOOKUP()查找函数,先确定一个唯一的关键字,将其称为"凭证ID",然后通过查找返回,将相应的数据自动导入记账凭证相应单元格。注意,这个关键字需要分别在凭证模板与序时账里同时设置,而且要与数据一一对应。

由于每份凭证都对应一个凭证号,因此可以利用经济业务发生的时间(年、月)和在该月份的凭证号,将数据导入。

同时,由于每笔经济业务的不同,因此涉及的会计科目数目可能不一样。为了在应用填充柄时实现数据的准确跳转,还需要在这个唯一的关键字(凭证ID)上体现每笔凭证的每个会计科目所在的行数。

另外要注意,由于数字在往下填充的时候会顺序加1,因此在设置时间时,可以用单元格地址的绝对引用加以实现。

2. 设计过程

第一步:在凭证模板上设置关键字"凭证ID"。

(1) 分别单击单元格B1、C1、D1,依次输入"年""月""日"。

单击A2单元格,输入"请选择",如图2.3.2所示。

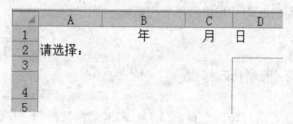

图 2.3.2 凭证时间

(2) 单击单元格B2,对其进行数据有效性的设置。

单击单元格B2,点击命令"数据有效性",在"设置"界面,按图2.3.3设置有效性。

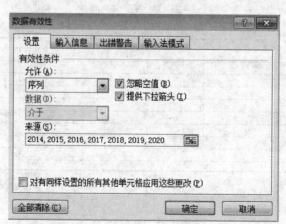

图 2.3.3 查询年份的有效性设置

单击"确定"按钮,完成设置。

然后单击单元格 C2,点击命令"数据有效性",在"设置"界面,按图 2.3.4 设置有效性。

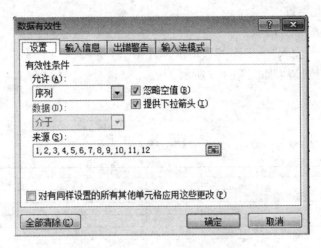

图 2.3.4 查询月份的有效性设置

单击"确定"按钮,完成设置。

(3) 选择要查询打印的凭证的年和月。

以 10 月份第一笔经济业务为例。单击单元格 B2,选择年份"2016",单击单元格 C2,选择月份"10"。

(4) 设置关键字"凭证 ID"。

为了设置好关键字"凭证 ID",需要借助辅助列来实现。单击单元格 B6,输入"凭证 ID",单击单元格 C6,输入"行次"。在区域 Q8:Q16 依次输入数字:1,2,3,4,5,6,7,8,9,然后在 C8:C16 区域的单元格依次输入公式:"=＄Q＄8""=＄Q＄9""=＄Q＄10""=＄Q＄11""=＄Q＄12""=＄Q＄13""=＄Q＄14""=＄Q＄15",得到结果如图 2.3.5 所示。

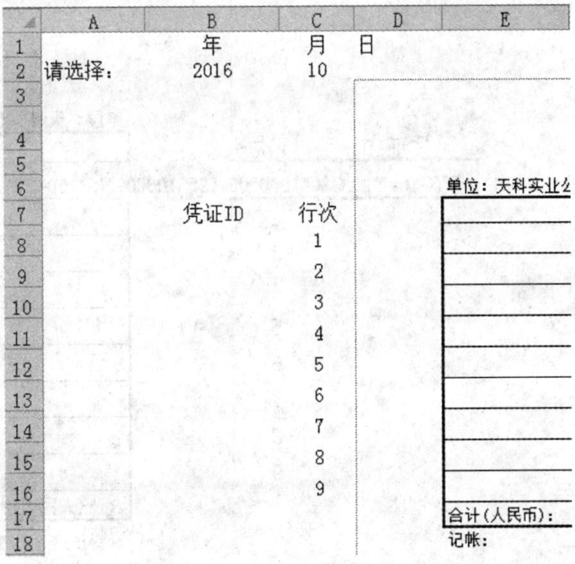

图 2.3.5 设置行次

注意：凭证模板预留的一级科目个数为9，行次中的数字分别与对应的一级科目所在处的位置要一致，比如，"1"与"摘要"下面的第1个一级科目的位置一致；"2"与第2个一级科目的位置一致，以此类推。

（5）设置凭证的年、月。

单击单元格D6，输入"＝＄B＄2"；单击单元格I6，输入"＝＄C＄2"；单击单元格L6，输入"＝＄D＄1"。得到结果如图2.3.6所示。

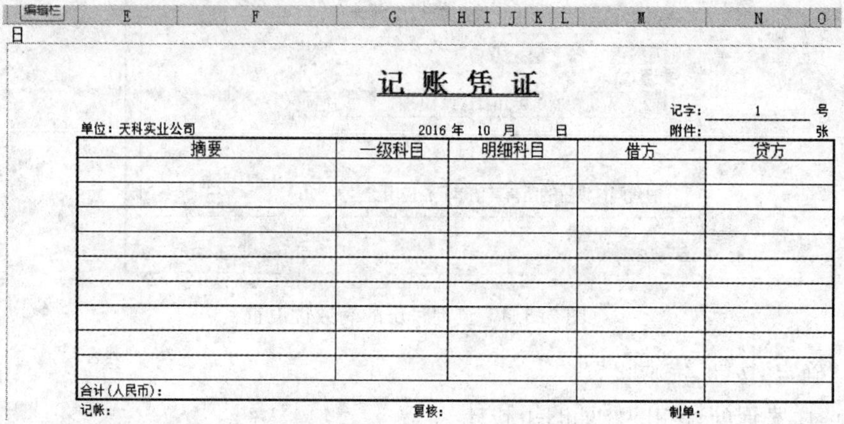

图2.3.6 设置凭证查询的年、月

（6）设置"凭证ID"。

单击单元格B8，输入函数"＝IF(G＄6="","",G＄6*1000000＋I＄6*10000＋N5*100＋C8)"，如图2.3.7所示。

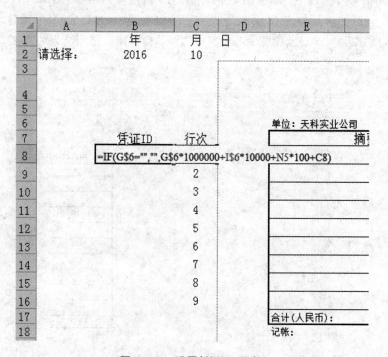

图2.3.7 设置凭证ID函数

按回车键,得到 10 月第一个“凭证 ID”数值:2016100101。然后依次在区域(B9:B16)中分别输入以下公式:“=IF(G$6="","",G$6*1000000+I$6*10000+N5*100+C9)”“=IF(G$6="","",G$6*1000000+I$6*10000+N5*100+C10))”“=IF(G$6="","",G$6*1000000+I$6*10000+N5*100+C11)”“=IF(G$6="","",G$6*1000000+I$6*10000+N5*100+C12)”“=IF(G$6="","",G$6*1000000+I$6*10000+N5*100+C13)”“=IF(G$6="","",G$6*1000000+I$6*10000+N5*100+C14)”“=IF(G$6="","",G$6*1000000+I$6*10000+N5*100+C15)”,得到结果如图 2.3.8 所示。

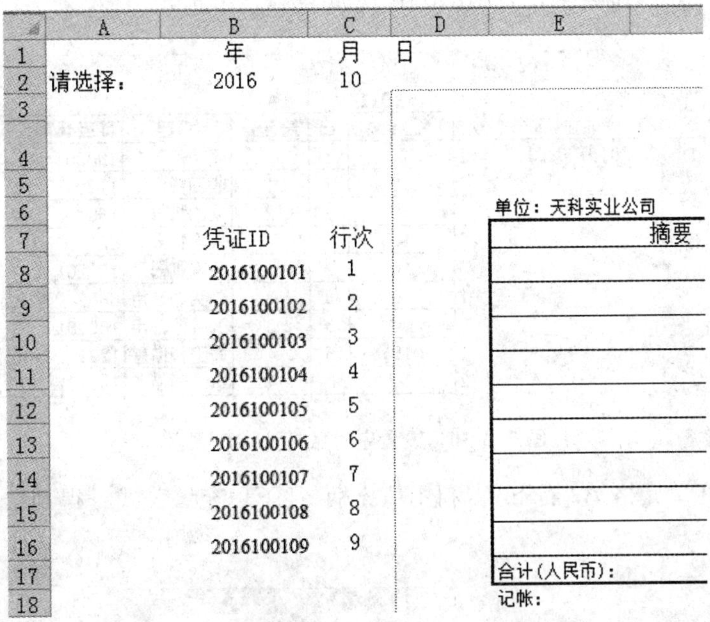

	A	B	C	D	E
1		年	月	日	
2	请选择：	2016	10		
3					
4					
5					
6					单位：天科实业公司
7		凭证ID	行次		摘要
8		2016100101	1		
9		2016100102	2		
10		2016100103	3		
11		2016100104	4		
12		2016100105	5		
13		2016100106	6		
14		2016100107	7		
15		2016100108	8		
16		2016100109	9		
17					合计(人民币):
18					记帐:

图 2.3.8　得到凭证 ID

第二步:设置序时账的关键字“凭证 ID”。

(1) 设置辅助列。

单击工作表标签“填制凭证(序时账)”,在 A 列前插入两列。

分别在 A2、B2 单元格输入“凭证 ID”“行次”,如图 2.3.9 所示。

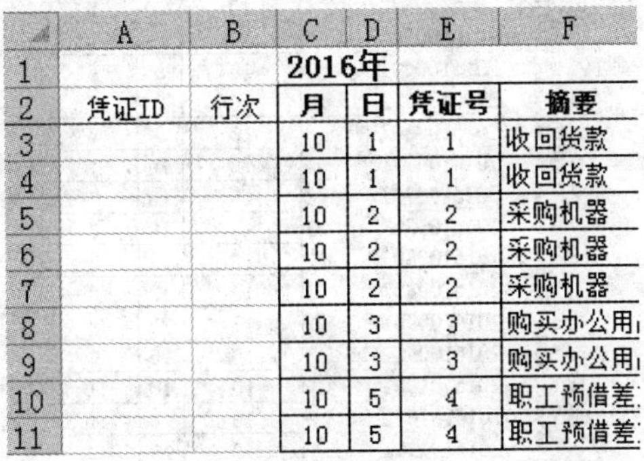

	A	B	C	D	E	F
1			2016年			
2	凭证ID	行次	月	日	凭证号	摘要
3			10	1	1	收回货款
4			10	1	1	收回货款
5			10	2	2	采购机器
6			10	2	2	采购机器
7			10	2	2	采购机器
8			10	3	3	购买办公用
9			10	3	3	购买办公用
10			10	5	4	职工预借差
11			10	5	4	职工预借差

图 2.3.9　设置序时账 ID

(2) 设置每份凭证的行次。

单击单元格 B3,输入公式"=IF(E3="","",IF(E3<>E2,1,B2+1))",按回车键,然后将鼠标放在单元格 B3 右下角,利用填充柄,往下填充,将公式复制到 B 列。

函数说明:使用 IF 函数,自动等级每份凭证涉及科目所在的行次,每一份凭证第一行行次为"1",第二行行次为"2",以此类推,例如,第一笔经济业务收回货款,涉及两个科目,借方科目是"银行存款",其行次为"1";贷方科目是"应收账款",其行次为"2"。

(3) 计算凭证 ID。

单击单元格 A3,输入函数"=IF(E3="","",\$C\$1*1000000+C3*10000+E3*100+B3)",按回车键,得到凭证 ID:2016100101,如图 2.3.10 所示。

	A	B	C	D	E	F	G
1			2016 年				
2	凭证ID	行次	月	日	凭证号	摘要	科目代码
3	2016100101	1	10	1	1	收回货款	100201
4		2	10	1	1	收回货款	1122
5		1	10	2	2	采购机器	1601
6		2	10	2	2	采购机器	2221
7		3	10	2	2	采购机器	100201
8		1	10	3	3	购买办公用	6602
9		2	10	3	3	购买办公用	100101
10		1	10	5	4	职工预借差	1221
11		2	10	5	4	职工预借差	100101

图 2.3.10 设置序时账"凭证 ID"函数

将鼠标放在单元格 A3 右下角,利用填充柄,往下填充该公式。得到结果如图 2.3.11 所示。

	A	B	C	D	E
1			2016 年		
2	凭证ID	行次	月	日	凭证号
3	2016100101	1	10	1	1
4	2016100102	2	10	1	1
5	2016100201	1	10	2	2
6	2016100202	2	10	2	2
7	2016100203	3	10	2	2
8	2016100301	1	10	3	3
9	2016100302	2	10	3	3
10	2016100401	1	10	5	4
11	2016100402	2	10	5	4
12	2016100501	1	10	7	5
13	2016100502	2	10	7	5
14	2016100601	1	10	9	6
15	2016100602	2	10	9	6
16	2016100603	3	10	9	6
17	2016100701	1	10	10	7
18	2016100702	2	10	10	7
19	2016100703	3	10	10	7
20	2016100801	1	10	12	8
21	2016100802	2	10	12	8
22	2016100901	1	10	15	9
23	2016100902	2	10	15	9
24	2016101001	1	10	16	10
25	2016101002	2	10	16	10
26	2016101101	1	10	18	11

图 2.3.11 得出序时账所有"凭证 ID"(部分)

凭证 ID 说明(以第一个凭证 ID:2016100101 为例):前四位是凭证的年份"2016",接下两位"10"是凭证的月份,紧接下来的三位"01"是该月的凭证号,最后两位"01"是对应的行次。

注意:序时账中的"凭证 ID"数值要与"凭证查询打印"中"凭证 ID"数值位数对应相等。

3. 设置凭证模板函数,实现序时账数据的自动导入

(1) 导入凭证日期中的日。

单击单元格 L6,输入公式"＝＄D＄1",单击单元格 K6,输入公式"＝IF(ISNA(VLOOKUP(B8,'填制凭证(序时账)'!＄A＄3:＄D＄999,4,0)),"",VLOOKUP(B8,'填制凭证(序时账)'!＄A＄3:＄D＄999,4,0))",按回车键。得到第一笔经济业务发生日:1,如图 2.3.12 所示。

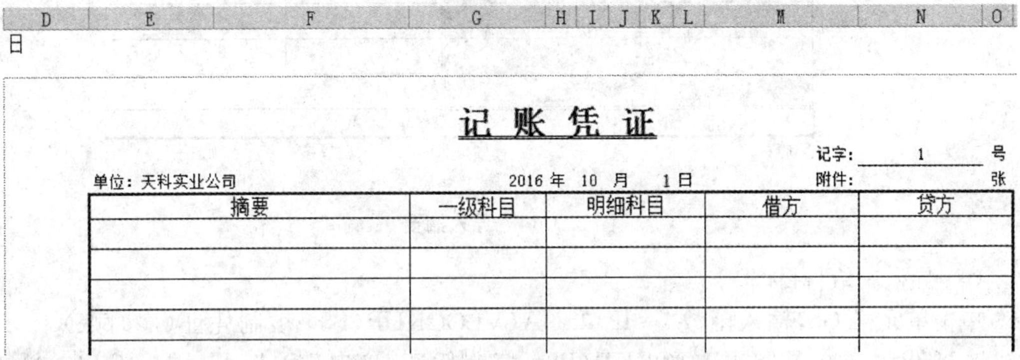

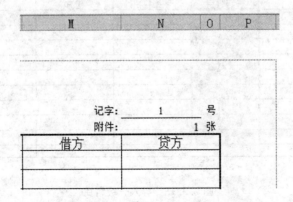

图 2.3.12　设置凭证日期中的日

(2) 导入凭证的附件数。

单击单元格 N6,输入函数"＝IF(ISNA(VLOOKUP(B8,'填制凭证(序时账)'!＄A＄3:＄N＄999,14,0)),"",VLOOKUP(B8,'填制凭证(序时账)'!＄A＄3:＄N＄999,14,0))",按回车键,得到 10 月第一份凭证的附件数,如图 2.3.13 所示。

图 2.3.13　设置附件数

(3) 导入凭证的摘要。

单击单元格 E8,输入函数"＝IF(ISNA(VLOOKUP(B8,'填制凭证(序时账)'!＄A＄3:＄F＄999,6,0)),"",VLOOKUP(B8,'填制凭证(序时账)'!＄A＄3:＄F＄999,6,

0))"，按回车键，得到结果"收回前欠货款"，将鼠标放在单元格 E8 右下角，利用填充柄，填充至单元格 E16，则得到第一份凭证所有的摘要，如图 2.3.14 所示。

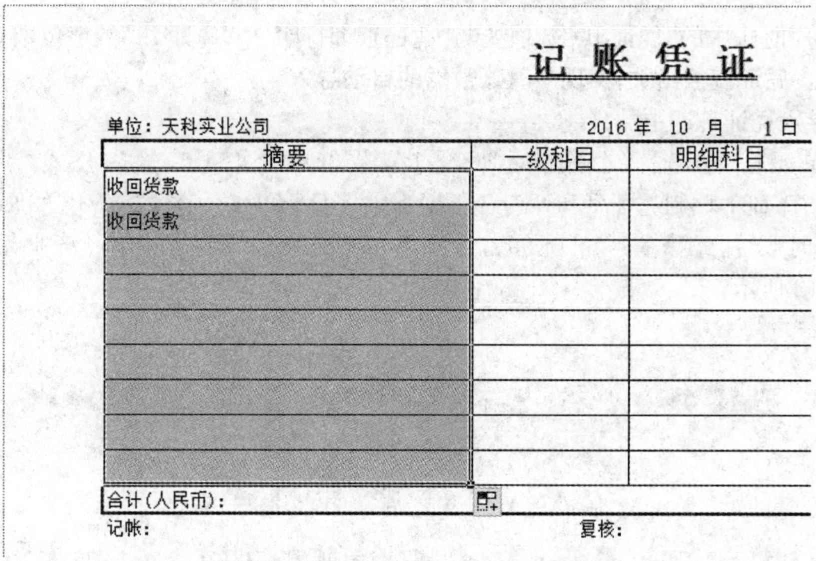

图 2.3.14 导入摘要

(4) 导入一级科目。

单击单元格 G8，输入函数"＝IF(ISNA(VLOOKUP(B8,'填制凭证(序时账)'!＄A＄3:＄I＄999,9,0)),"",VLOOKUP(B8,'填制凭证(序时账)'!＄A＄3:＄I＄999,9,0))"，按回车键，得到第一份凭证的第一个一级科目，然后将鼠标放在单元格 G8 右下角，利用填充柄填充至单元格 G16，导入第一份凭证所有的一级科目，如图 2.3.15 所示。

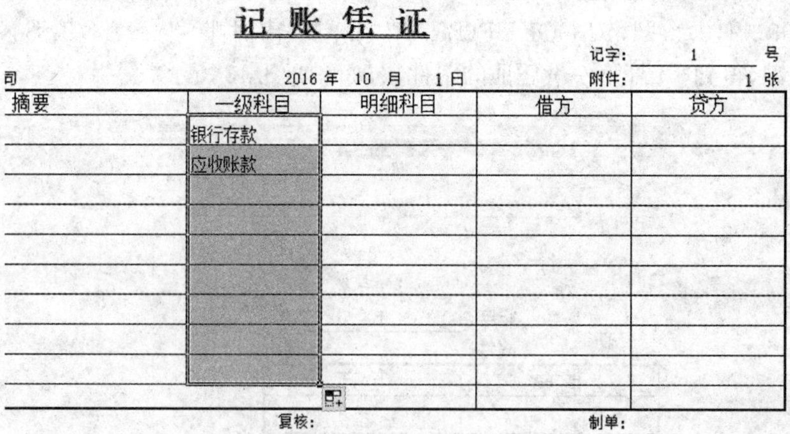

图 2.3.15 导入一级科目

(5) 导入明细科目。

单击单元格 H8，输入函数"＝IF(ISNA(VLOOKUP(B8,'填制凭证(序时账)'!＄A＄3:＄j＄999,10,0)),"",VLOOKUP(B8,'填制凭证(序时账)'!＄A＄3:＄j＄999,10,0))"，按回车键，得到明细科目：工商银行，并用填充柄进行填充，结果如图 2.3.16 所示。

记 账 凭 证

单位：天科实业公司　　　　　2016 年 10 月 1 日　　　　　记字：_____1_____号
　　　　　　　　　　　　　　　　　　　　　　　　　　　　附件：_____1_____张

摘要	一级科目	明细科目	借方	贷方
收回货款	银行存款	工商银行		
收回货款	应收账款			
合计(人民币)：				

记帐：　　　　　　复核：　　　　　　制单：

图 2.3.16　导入明细科目

(6) 导入借方发生额。

单击单元格 M8，输入函数"= IF(ISNA(VLOOKUP(B8,'填制凭证(序时账)'! \$A\$3:\$L\$999,12,0)),"",VLOOKUP(B8,'填制凭证(序时账)'! \$A\$3:\$L\$999,12,0))"，按回车键，得到借方发生额。将鼠标放在单元格 M8 右下角，利用填充柄，填充至单元格 M16，得到第一份凭证所有借方发生额，如图 2.3.17 所示。

记 账 凭 证

单位：天科实业公司　　　　　2016 年 10 月 1 日　　　　　记字：_____1_____号
　　　　　　　　　　　　　　　　　　　　　　　　　　　　附件：_____1_____张

摘要	一级科目	明细科目	借方	贷方
收回货款	银行存款	工商银行	1,093,330.51	
收回货款	应收账款			
合计(人民币)：				

记帐：　　　　　　复核：　　　　　　制单：

图 2.3.17　导入借方发生额

(7) 导入贷方发生额。

单击单元格 N8，输入公式"= IF(ISNA(VLOOKUP(B8,'填制凭证(序时账)'! \$A\$3:\$M\$999,13,0)),"",VLOOKUP(B8,'填制凭证(序时账)'! \$A\$3:\$M\$999,13,0))"，按回车键，得到贷方发生额。并将鼠标放在单元格 N8 右下角，利用填充柄，填充至 N16，得到第一份凭证贷方发生额，如图 2.3.18 所示。

(8) 计算合计金额及设置格式。

单击单元格 M17，点击命令"格式"，选择"设置单元格格式"，按图 2.3.19 对数字类型进行设置。同理,对 N17 单元格做相同的格式设置。

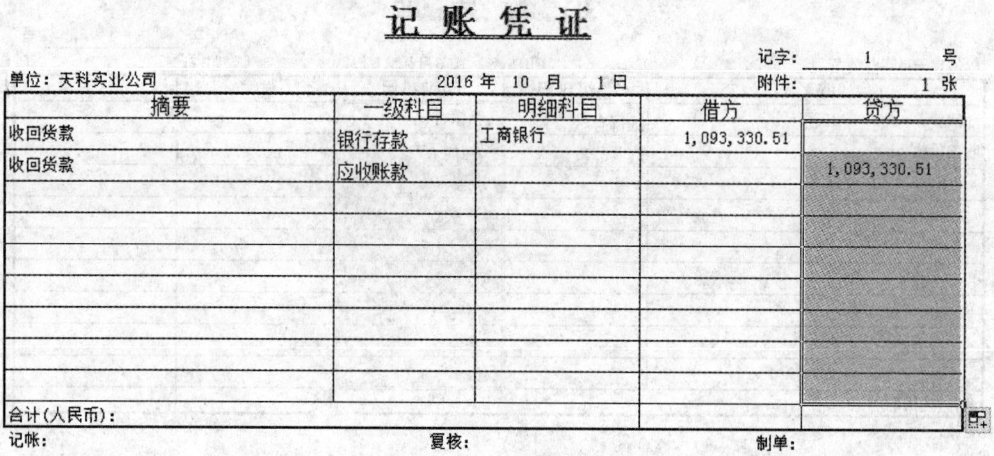

记 账 凭 证

单位:天科实业公司		2016 年 10 月 1 日		记字: 1 号 附件: 1 张
摘要	一级科目	明细科目	借方	贷方
收回货款	银行存款	工商银行	1,093,330.51	
收回货款	应收账款			1,093,330.51
合计(人民币):				
记帐:		复核:		制单:

图 2.3.18 导入贷方发生额

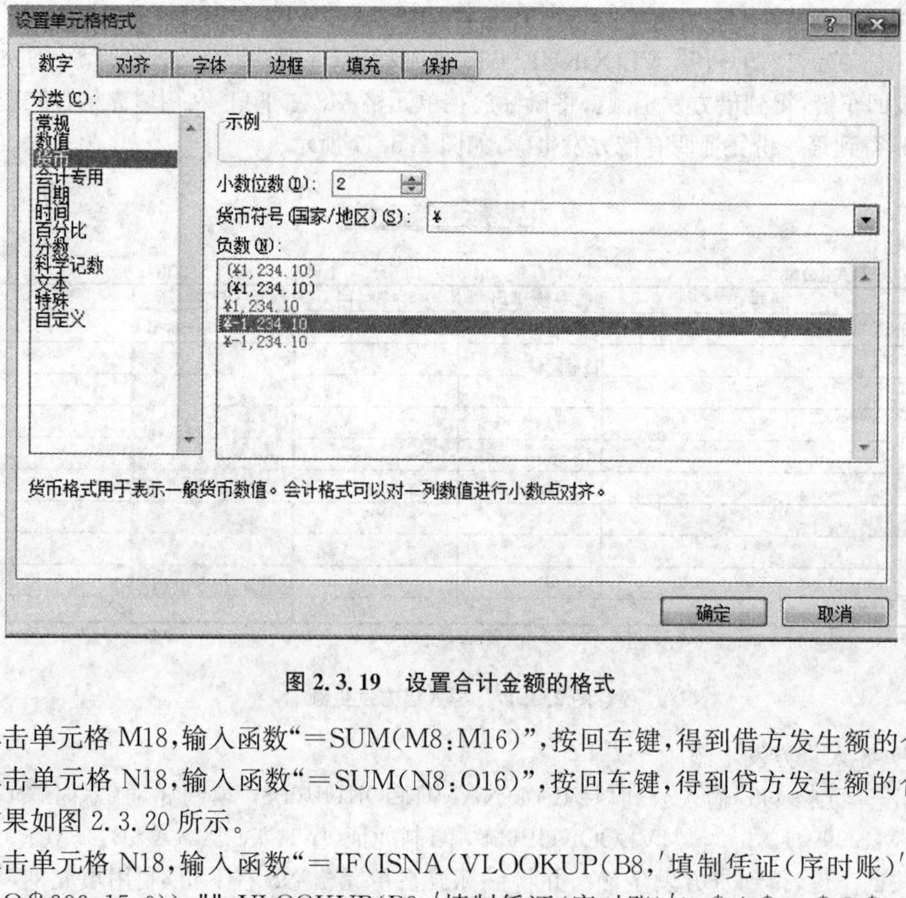

图 2.3.19 设置合计金额的格式

单击单元格 M18,输入函数"=SUM(M8:M16)",按回车键,得到借方发生额的合计金额。单击单元格 N18,输入函数"=SUM(N8:O16)",按回车键,得到贷方发生额的合计金额。结果如图 2.3.20 所示。

单击单元格 N18,输入函数"=IF(ISNA(VLOOKUP(B8,'填制凭证(序时账)'!\$A\$3:\$O\$999,15,0)),"",VLOOKUP(B8,'填制凭证(序时账)'!\$A\$3:\$O\$999,15,0))",按回车键,得到制单员"张三",如图 2.3.21 所示。

单击单元格 H18,输入函数"=IF(ISNA(VLOOKUP(B7,'填制凭证(序时账)'!\$A\$3:\$P\$999,16,0)),"",VLOOKUP(B7,'填制凭证(序时账)'!\$A\$3:\$P\$999,16,

0))"，按回车键，得到复核人员"李四"，如图 2.3.22 所示。

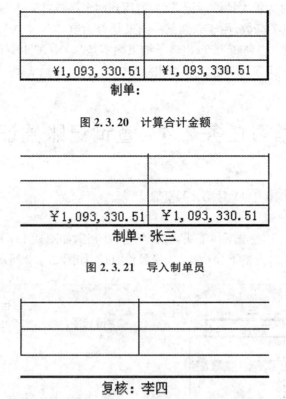

图 2.3.20 计算合计金额

图 2.3.21 导入制单员

图 2.3.22 导入复核人员

至此，凭证打印模板设置完毕，10 月第一份经济业务记账凭证模板如图 2.3.23 所示。

图 2.3.23 凭证打印模板

函数说明：VLOOKUP()函数，使用该函数，是为了根据设置的辅助项（凭证 ID）将工作表记账凭证（序时账）中的相应数据导到记账凭证模板中。

凭证模板中，预留的一级科目有 9 个，对应的每行，凭证 ID 也就有 9 个，但是实际发生的经济业务涉及的一级科目可能只有2个,所以,在填充 VLOOKUP 函数时,可能会出现结果为"♯N/A",打印时为了去掉该标记,需要使用到两个函数:ISNA 函数与 IF 函数。

ISNA 函数是信息类函数,用于判断某一结果是否为空:"♯N/A",判断结果有两个:判断为真,或者判断为假。当判断为真,也就是结果确实是"♯N/A"时,用 IF 函数,输出空值;如果为假,也就是不是"♯N/A"时,直接输出结果。

学习任务 2.4　查询记账凭证

任务引入:查询 2016 年 11 月第 4 号凭证。

任务解决:

(1) 单击 B2 单元格,点击下拉箭头,选择年份"2016",如图 2.4.1 所示。

(2) 单击单元格 C2,点击下拉箭头,选择月份"11",如图 2.4.2 所示。

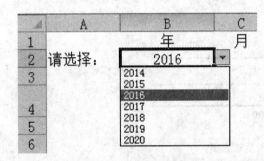
图 2.4.1　选择查询年份

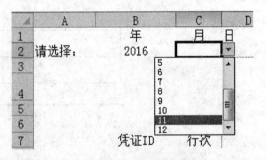
图 2.4.2　选择查询月份

(3) 单击 N5 单元格,输入要查询的凭证号:4,这样,凭证结果如图 2.4.3 所示。

记 账 凭 证

单位:天科实业公司		2016 年 11 月 4 日		记字: 4 号 附件: 1 张	
摘要	一级科目	明细科目		借方	贷方
提取备用金	库存现金	人民币		45,000.00	
提取备用金	银行存款	工商银行			45,000.00
合计(人民币):				¥45,000.00	¥45,000.00
记帐:		复核:李四		制单:张三	

图 2.4.3　查询凭证

学习任务 2.5 打印记账凭证

任务引入：打印记账凭证，并装订。

任务解决：

（1）可以在凭证查询的时候，一张一张地打印凭证。

（2）可以一次打印一个月的凭证。

选取记账凭证区域 B3:P19，将鼠标放在区域的右下角，利用填充柄往下填充，就可以得到 B2、C2 单元格中对应年月的所有记账凭证，然后选取凭证区域进行直接打印。图 2.5.1 为 2016 年 12 月第 1 号凭证，图 2.5.2 为其中第 6 号凭证。

记 账 凭 证

单位：天科实业公司　　　　　　2016 年 12 月 3 日　　　　　　记字：　1　号　　附件：　1 张

摘要	一级科目	明细科目	借方	贷方
取得短期银行贷款	银行存款	工商银行	80,000.00	
取得短期银行贷款	短期借款	花旗银行		80,000.00
合计（人民币）：			¥80,000.00	¥80,000.00

记帐：　　　　　　　　　　　复核：李四　　　　　　　　　制单：张三

图 2.5.1　12 月第 1 号凭证

记 账 凭 证

单位：天科实业公司　　　　　　2016 年 12 月 12 日　　　　　　记字：　6　号　　附件：　1 张

摘要	一级科目	明细科目	借方	贷方
结转材料成本	原材料		160,000.00	
结转材料成本	在途物资			160,000.00
合计（人民币）：			¥160,000.00	¥160,000.00

记帐：　　　　　　　　　　　复核：李四　　　　　　　　　制单：张三

图 2.5.2　利用填充柄得到的第 6 号凭证

学习任务 2.6 设置明细账模板并登记明细账

任务引入：根据任务 2.2 中天科实业公司的经济业务和序时账，登记并查询、打印明细账，要求能实现明细账簿数据的自动导入。在账簿查询、打印的时候，根据选择查选的科目代码，自动生成账簿名称、明细科目、自动导入借方发生额、贷方发生额、发生额的方向、自动计算余额、本月合计以及本年累计。

解决思路：根据明细账簿的格式(图 2.6.1)，通过对单元格 E4 进行数据筛选，选择需要查看或者打印的明细账科目代码，然后根据筛选的科目代码，设置函数，使得能自动导入对应的明细账的名称、对应的明细科目、借方或者贷方的期初余额；自动计算借方发生额与贷方发生额、余额以及发生额余额所在的方向。

任务解决：

2.6.1 设置明细账簿的格式

根据会计核算要求，绘制明细账簿的格式。双击 Excel 工作簿"会计核算系统"，单击工作表"明细账查询打印"，绘制如图 2.6.1 所示的明细账格式。

	A	B	C	D	E	F	G	H	I	J
1										
2	单位：天科实业公司						明细科目：			
3										
4	月	日	凭证号	摘 要	科目代码	借 方	贷 方	借或贷	余 额	余 额
5	-	-	-	期初余额		-	-			
6										
7										
8										
9										
10										

图 2.6.1 设置明细账簿的格式

表格说明：A 列到 I 列是明细账簿需要标明的内容，J 列作为辅助列，用来计算科目的余额，然后取计算结果的绝对值，作为 I 列科目的余额。

2.6.2 根据经济业务，输入序时账数据

根据明细账簿的格式所要求的数据，将工作表"填制凭证(序时账)"的相应数据复制到明细账簿中。

(1) 单击工作表"序时账(打印凭证)"，复制区域 C3:G999 的数据，粘贴至工作表"明细账查询打印"的区域 A6:E999，如图 2.6.2 所示。

(2) 单击工作表"填制凭证(序时账)"，复制区域 L3:M999 的数据，粘贴至工作表"明细账查询打印"的区域 F6:G999，如图 2.6.3 所示。

	A	B	C	D	E
1					
2	单位：天科实业公司				
3					
4	月	日	凭证号	摘　　要	科目代码
5	—	—	—	期初余额	
6	10	1	1	收回货款	100201
7	10	1	1	收回货款	1122
8	10	2	2	采购机器	1601
9	10	2	2	采购机器	2221
10	10	2	2	采购机器	100201
11	10	3	3	购买办公用品	6602
12	10	3	3	购买办公用品	100101
13	10	5	4	职工预借差旅费	1221
14	10	5	4	职工预借差旅费	100101
15	10	7	5	发放工资	2211
16	10	7	5	发放工资	100201
17	10	9	6	缴纳住房公积金	221102
18	10	9	6	缴纳住房公积金	221103
19	10	9	6	缴纳住房公积金	100201
20	10	10	7	办理承兑汇票贴现	100201
21	10	10	7	办理承兑汇票贴现	6603
22	10	10	7	办理承兑汇票贴现	1121
23	10	12	8	支付广告费	6601

图 2.6.2　复制序时账数据（部分 1）

	A	B	C	D	E	F	G
1							
2	单位：天科实业公司						明细科目：
3							
4	月	日	凭证号	摘　　要	科目代码	借　方	贷　方
5	—	—	—	期初余额		—	—
6	10	1	1	收回货款	100201	1093330.51	
7	10	1	1	收回货款	1122		1093330.51
8	10	2	2	采购机器	1601	15000	
9	10	2	2	采购机器	222101	2550	
10	10	2	2	采购机器	100201		17550
11	10	3	3	购买办公用品	6602	800	
12	10	3	3	购买办公用品	100101		800
13	10	5	4	职工预借差旅费	122103	3000	
14	10	5	4	职工预借差旅费	100101		3000
15	10	7	5	发放工资	2211	180414.8	
16	10	7	5	发放工资	100201		180414.8
17	10	9	6	缴纳住房公积金	221102	22975.16	
18	10	9	6	缴纳住房公积金	221103	22975.16	
19	10	9	6	缴纳住房公积金	100201		45950.32
20	10	10	7	办理承兑汇票贴现	100201	28000	
21	10	10	7	办理承兑汇票贴现	6603	500	
22	10	10	7	办理承兑汇票贴现	1121		28500
23	10	12	8	支付广告费	6601	3500	

图 2.6.3　复制序时账数据（部分 2）

2.6.3 设置明细账模板函数

1. 计算有关科目代码

（1）计算期初余额科目代码

单击单元格 E5，输入函数"＝SUBTOTAL(1,E6:E10000)"，按回车键，得到运算结果：99096.30303。

说明：在筛选查看具体科目代码的时候，为了得到该科目代码的期初余额，用 SUBTOTAL()函数对筛选的科目代码求平均值，得到与筛选科目代码相等的科目代码，然后根据该结果，查找对应的借方期初余额和贷方期初余额。

（2）计算"本月合计"和"本年累计"对应的科目代码

① "本月合计"对应的科目代码。

单击单元格 E71，输入函数"＝SUBTOTAL(1,OFFSET(E36,0,0,－COUNTIF($A:$A,$A37)+2,1))"，按回车键，得到科目代码的平均值。

如果用户对科目代码进行筛选查看，比如，用户选择代码：122101，由于 SUBTOTAL()函数只计算显示数据，对隐藏数据不计算，所以得到科目代码依然是"122101"。

② "本年累计"对应的科目代码。

单击单元格 E72，输入函数"＝SUBTOTAL(1,OFFSET(E37,0,0,－COUNTIF($A:$A,$A38)+1,1))"，按回车键，得到科目代码的平均值。

2. 计算"本月合计""本年累计"借方发生额与贷方发生额

（1）"本月合计"发生额

① 借方发生额。

计算 10 月份发生额，单击单元格 F71，输入函数"＝SUBTOTAL(9,OFFSET(F70,0,0,－COUNTIF($A:$A,$A71)+2,1))"，按回车键，得到 10 月份科目借方发生额。

如果用户筛选查看某一科目代码，则该函数计算的结果就是该科目代码对应的借方发生额。

② 贷方发生额。

计算 10 月份贷方发生额，单击单元格 G71，输入函数"＝SUBTOTAL(9,OFFSET(G70,0,0,－COUNTIF($A:$A,$A71)+2,1))"，按回车键，得到 10 月科目贷方发生额。

同理，如果用户筛选查看某一科目代码，则该函数计算的结果就是该科目代码对应的贷方发生额。

（2）"本年累计"发生额

① 借方发生额。

计算 10 月份本年累计的借方发生额，单击单元格 F71，输入函数"＝SUBTOTAL(9,OFFSET($F$1,0,0,ROW()-1,1))"，按回车键，得到 10 月"本年累计"的借方发生额。

② 贷方发生额。

计算 10 月份本年累计的贷方发生额，单击单元格 G71，输入函数"＝SUBTOTAL(9,OFFSET($G$1,0,0,ROW()-1,1))"，按回车键，得到 10 月份"本年累计"的贷方发生额。

选择区域(E71:G72),复制该区域函数,分别粘贴至区域(E134:G135)和区域(E208:G209),分别计算11月、12月"本月合计"和"本年累计"的科目代码的平均值、借方发生额和贷方发生额。

3. 账簿名称的设置

单击单元格D1,输入函数"=IF(OR(LEFT($E$5,4)={"1001","1002"}),VLOOKUP(SUBTOTAL(1,E:E),基础设置!A:B,2,0)&" 日记账",VLOOKUP(SUBTOTAL(1,E:E),基础设置!A:B,2,0)&" 明细账")",按回车键,得到筛选会计科目对应的明细账名称。

说明:用户通过对单元格E4进行筛选需要查询或打印的会计科目代码,筛选后,E列单元格里的科目代码都是用户所选择的科目代码。用LEET()函数选取单元格E5中科目代码的前四位,根据该四位的科目代码返回对应的一级科目的名称。在此处,要考虑到两种特殊的日记账:库存现金日记账和银行存款日记账。

因此,首先利用OR()函数,判断用户筛选的科目代码的前四位是否是"1001"或"1002",如果是,则根据该四位结果,用VLOOKUP()函数在工作表"基础设置"中查找,返回结果为"库存现金日记账"或者"银行存款日记账"。如果不是,则用VLOOKUP()函数返回该四位科目代码对应的一级科目名称,并以"某某明细账"显示账簿名称。

另外,对单元格D1设置对齐方式:跨列居中,如图2.6.4所示。

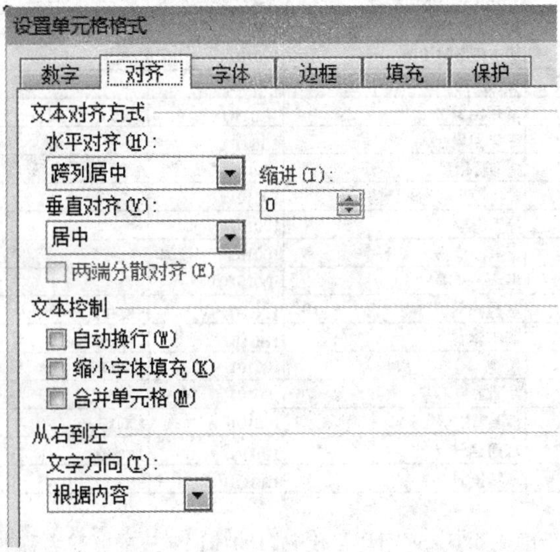

图 2.6.4 设置单元格 D1 的对齐方式

例如,如果用户需要查询科目代码为"122102"账户的发生额以及期初余额,则单击单元格E4,单击菜单"数据",单击命令"筛选",选择科目代码"122102"和"空白",单击"确定",得到结果如图2.6.5所示。

如果用户查询银行存款日记账,则单击单元格E4,勾选"100101"和"空白",单击"确定",则返回结果如图2.6.6所示。

4. 设置明细科目的名称

单击工作表"明细账查询打印",选取区域H2:I2,将其合并,然后单击"合并单元格",输入函数"=VLOOKUP(SUBTOTAL(1,E:E),基础设置!A:C,3,0)",按回车键,得到明细科目名称。

	A	B	C	D	E	F	G
1					其他应收款 明细账		
2	单位：天科实业公司						明细科目：
3							
4	月	日	凭证号	摘　　要	科目代码	借　方	贷　方
5	—	—	—	期初余额	122102	—	
101	11	11	13	员工借款	122102	2000	
134	11			本月合计	122102	2000	
135	11			本年累计	122102	2000	
210							
211							

图 2.6.5　返回科目代码"122102"对应的账簿名称

	A	B	C	D	E	F	G
1					库存现金 日记账		
2	单位：天科实业公司						明细科目：
3							
4	月	日	凭证号	摘　　要	科目代码	借　方	贷　方
5	—	—	—	期初余额	100101	—	
12	10	3	3	购买办公用品	100101		800
14	10	5	4	职工预借差旅费	100101		3000
24	10	12	8	支付广告费	100101		3500
71	10			本月合计	100101		7300
72	10			本年累计	100101		7300
81	11	4	5	提取备用金	100101	45000	
87	11	6	7	支付行政部门电话费	100101		1800
102	11	11	13	员工借款	100101		2000
109	11	18	16	报销招待费	100101		2725
113	11	28	18	报销差旅费	100101		2320
134	11			本月合计	100101	45000	8845
135	11			本年累计	100101	45000	16145
164	12	18	9	提现	100101	12000	
167	12	18	10	发放本月工资	100101		12000
171	12	19	12	报销差旅费	100101	1300	
208	12			本月合计	100101	13300	12000
209	12			本年累计	100101	58300	28145

图 2.6.6　返回科目代码"100101"对应的账簿名称

说明：用户通过对 E4 单元格进行筛选，选取需要查询或打印的会计科目代码。然后利用 SUBTOTAL() 函数计算 E 列会计科目代码的平均值，也就是筛选的会计科目代码本身，然后根据结果，用 VLOOKUP() 函数，根据该科目代码，在工作表"基础设置"中查找对应的明细科目名称，并返回结果。

例如，如果用户查询的会计科目代码是"122102"，则返回的明细科目名称如图 2.6.7 所示。

5. 计算余额

根据科目的期初余额、借方发生额、贷方发生额与科目性质，计算余额。

由于借方科目与贷方科目计算余额的公式不一样，因此首先要判断查询科目的性质。

图 2.6.7　返回科目代码"122102"对应的明细科目名称

(1) 返回科目性质

单击单元格 J3,输入公式"＝VLOOKUP(SUBTOTAL(1,E:E),基础设置! A:D,4,0)",得到查询的会计科目代码对应的性质。

说明:首先应用 SUBTOTAL()函数计算 E 列科目代码平均,然后应用 VLOOKUP()函数,以计算出的科目代码平均值为查找关键字,在工作表"基础设置"中返回对应的科目性质。

例如,如果用户筛选的科目代码是"1123",则得到如图 2.6.8 所示的结果。

图 2.6.8　返回科目代码"1123"对应的科目性质

(2) 计算余额

单击单元格 J5,输入函数"＝VLOOKUP(SUBTOTAL(1,E:E),基础设置! A:E,5,0)",按回车键,得到科目的期初余额。

单击单元格 J6,输入函数"＝IF(D6="本月合计",J5,IF(D6="本年累计",J5,IF($J$3="借",J5+SUBTOTAL(9,F6)－SUBTOTAL(9,G6),J5+SUBTOTAL(9,G6)－SUBTOTAL(9,F6))))",按回车键,计算出本期该会计科目发生额的余额。用填充柄将函数复制到 J 列。

说明:由于科目的性质不一样,计算余额方式也不一样。因此在计算前首先要判断科目的性质。如果是借方科目,则"本笔余额＝上笔余额＋借方发生额－贷方发生额";如果是贷方科目,则"本笔余额＝上笔余额＋贷方发生额－借方发生额"。

如果是"本月合计"或者"本年累计",则余额直接等于上笔计算的结果。

(3) 返回科目余额的绝对值

单击单元格 I5,输入公式:"＝ABS(J5)",按回车键,得到 J5 单元格数值的绝对值。并用填充柄将公式复制到 I 列。

说明：由于 J 列计算的余额结果可能大于 0、小于 0 或者等于 0，而会计核算的结果要以绝对值表示，其正负性以方向所在来表示。

（4）判断余额所在的方向

单击单元格 H5，输入函数："=IF(AND($J$3="借",J5>0),"借",IF(AND($J$3="借",J5<0),"贷",IF(AND($J$3="贷",J5>0),"贷",IF(AND($J$3="贷",J5<0),"借",IF(J5=0,"平")))))"，按回车键，得到期初余额的方向。

单击单元格 H6，输入函数："=IF(AND(F6=0,G6=0),"",IF(AND($J$3="借",J6>0),"借",IF(AND($J$3="借",J6<0),"贷",IF(AND($J$3="贷",J6>0),"贷",IF(AND($J$3="贷",J6<0),"借",IF(J6=0,"平"))))))"，按回车键，得到发生额余额的方向。用填充柄将 H6 单元格的函数复制到 H 列。

注意：以上所有输入的公式，当用户没有选择筛选查看的科目代码时，J3 单元格、所有的余额以及余额所在的方向，返回结果为空："♯N/A"。这是因为这些计算或者判断，都是根据 E 列科目代码的平均值返回得到的，而原始数据科目代码众多，计算出的平均值在工作表"基础设置"中无法查询到。只有在用户选择某一个科目代码时，这时计算的代码平均值就是用户选择的代码本身，因而能返回需要的结果。

（5）添加账簿年份

合并单元格 A3、B3，输入"2016 年"，如图 2.6.9 所示。

图 2.6.9 添加明细账年份

2.6.4 查询账簿

例如：用户没有选择具体查看的科目代码，初始的计算结果就如图 2.6.10 所示。

如果用户要查询工商银行存款日记账，则在科目代码上勾选"100201"和"空白"，如图 2.6.11 所示。

点击"确定"，得到结果如图 2.6.12 所示。

	A	B	C	D	E	F	G	H	I	J
1						#N/A				
2	单位：天科实业公司							明细科目：	#N/A	
3	2016年									#N/A
4	月	日	凭证号	摘 要	科目代码	借 方	贷 方	借或贷	余 额	余 额
5	—	—	—	期初余额	99096.30303			#N/A	#N/A	#N/A
6	10	1	1	收回货款	100201	1093330.51		#N/A	#N/A	#N/A
7	10	1	1	收回货款	1122		1093330.51	#N/A	#N/A	#N/A
8	10	2	2	采购机器	1601	15000		#N/A	#N/A	#N/A
9	10	2	2	采购机器	222101	2550		#N/A	#N/A	#N/A
10	10	2	2	采购机器	100201		17550	#N/A	#N/A	#N/A
11	10	3	3	购买办公用品	6602	800		#N/A	#N/A	#N/A
12	10	3	3	购买办公用品	100101		800	#N/A	#N/A	#N/A
13	10	5	4	职工预借差旅费	122103	3000		#N/A	#N/A	#N/A
14	10	5	4	职工预借差旅费	100101		3000	#N/A	#N/A	#N/A
15	10	7	5	发放工资	2211	180414.8		#N/A	#N/A	#N/A
16	10	7	5	发放工资	100201		180414.8	#N/A	#N/A	#N/A
17	10	9	6	缴纳住房公积金	221102	22975.16		#N/A	#N/A	#N/A
18	10	9	6	缴纳住房公积金	221103	22975.16		#N/A	#N/A	#N/A
19	10	9	6	缴纳住房公积金	100201		45950.32	#N/A	#N/A	#N/A
20	10	10	7	办理承兑汇票贴现	100201	28000		#N/A	#N/A	#N/A
21	10	10	7	办理承兑汇票贴现	6603	500		#N/A	#N/A	#N/A
22	10	10	7	办理承兑汇票贴现	1121		28500	#N/A	#N/A	#N/A
23	10	12	8	支付广告费	6601	3500		#N/A	#N/A	#N/A

图 2.6.10 明细账模板(部分)

第 2 篇　利用 Excel 2010 设置会计核算系统

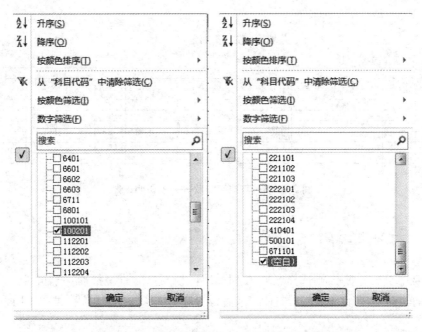

图 2.6.11　查看工商银行存款日记账的勾选项

	A	B	C	D	E	F	G	H	I	J
1					银行存款　日记账					
2	单位：大科实业公司						明细科目：		工商银行	
3	2016年									借
4	月	日	凭证号	摘　　要	科目代码	借　方	贷　方	借或贷	余　额	余　额
5	-	-		期初余额	100201	-	-	借	10,000,000.00	10,000,000.00
6	10	1	1	收回货款	100201	1093330.51		借	11,093,330.51	11093330.51
10	10	2	2	采购机器	100201		17550	借	11,075,780.51	11075780.51
16	10	7	5	发放工资	100201		180414.8	借	10,895,365.71	10895365.71
19	10	9	6	缴纳住房公积金	100201		45950.32	借	10,849,415.39	10849415.39
20	10	10	7	办理承兑汇票贴现	100201	28000		借	10,877,415.39	10877415.39
28	10	16	10	捐赠	100201		5000	借	10,872,415.39	10872415.39
38	10	26	14	支付整修费用	100201		2000	借	10,870,415.39	10870415.39
39	10	26	15	取得处理固定资产净收入	100201	1000		借	10,871,415.39	10871415.39
71	10			本月合计	100201	1122330.51	250915.12	借	10,872,415.39	10872415.39
72	10			本年累计	100201	1122330.51	250915.12	借	10,872,415.39	10872415.39
73	11	1	1	收回前欠货款	100201	794196		借	11,666,611.39	11666611.39
75	11	2	2	收回租金	100201	12000		借	11,678,611.39	11678611.39
80	11	3	4	支付职工住房租金	100201		10400	借	11,668,211.39	11668211.39
82	11	4	5	提取备用金	100201		45000	借	11,623,211.39	11623211.39
85	11	5	6	购入纸箱	100201		12519	借	11,610,692.39	11610692.39
95	11	8	10	支付上月电费	100201		2671.2	借	11,608,021.19	11608021.19
98	11	8	11	支付上月水费	100201		5475.6	借	11,602,545.59	11602545.59

图 2.6.12　工商银行存款日记账（部分）

如果用户要查看其他应收款——李勇的明细账，则在科目代码上同时勾选科目代码"122103"和"空白"，结果如图 2.6.13 所示。

	A	B	C	D	E	F	G	H	I	J
1					其他应收款 明细账					
2	单位：天科实业公司							明细科目：	李勇	
3	2016年									借
4	月	日	凭证号	摘 要	科目代码	借 方	贷 方	借或贷	余 额	余 额
5	—	—		期初余额	122103	—	—	平	—	—
13	10	5	4	职工预借差旅费	122103	3000		借	3,000.00	3000
71	10			本月合计	122103	3000		借	3,000.00	3000
72	10			本年累计	122103	3000		借	3,000.00	3000
172	12	19	12	报销差旅费	122103		3000	平	—	
208	12			本月合计	122103		3000	平	—	
209	12			本年累计	122103	3000	3000	平	—	

图 2.6.13 其他应收款——李勇明细账

2.6.5 打印账簿

如果要打印某明细账，则选择区域 A 列—I 列进行打印，直至最后一笔记录。J 列主要是计算余额的辅助列，在打印时不予打印。或者设置好明细账簿模板以后，直接将 J 列隐藏。

学习任务 2.7 设置总账模板并登记总账

任务引入：根据任务 2.2 中天科实业公司的经济业务，登记并查询打印总账。要求能实现总账数据的自动导入。在账簿查询、打印的时候，根据选择筛选的一级科目代码，自动生成总账名称、自动计算余额以及返回余额所在的方向。

解决思路：首先根据会计核算绘制总账的格式，然后将每月的科目汇总表数据输入总账对应的位置。然后设计函数，结合用户选择的一级科目代码，使得能自动导入对应的总账的名称、自动计算余额以及余额所在的方向。

任务解决：

2.7.1 绘制总账格式

绘制总账格式，如图 2.7.1 所示。

	A	B	C	D	E	F	G	H	I	J
1										
2	单位：天科实业公司							第	页	
3	2016年									
4	月	日	凭证号	摘要	一级科目	借 方	贷 方	借或贷	余 额	余 额
11										
12										
13										
14										
15										
16										

图 2.7.1 总账格式

2.7.2 计算和复制科目汇总结果

根据序时账,对10、11、12月进行科目汇总并复制数据。

1. 计算科目汇总结果

点击工作表"填制凭证(序时账)",复制10月份序时账至另外一张工作表,利用SUMIF()函数或者合并计算功能,计算出每个一级科目本月发生额(过程略),然后将该数据复制到工作表"10月",如图2.7.2所示。

	A	B	C	D
1	一级科目代码	一级科目	借方	贷方
2	1002	银行存款	1122330.51	250915.12
3	1122	应收账款	794196	1093330.51
4	1601	固定资产	15000	20000
5	2221	应交税费	121442.8	309398.9
6	6602	管理费用	23346.8	23346.8
7	1001	库存现金		7300
8	1221	其他应收款	3000	
9	2211	应付职工薪酬	226365.12	
10	6603	财务费用	500	500
11	1121	应收票据		28500
12	6601	销售费用	3500	3500
13	1602	累计折旧	14400	14400
14	6711	营业外支出	11600	11600
15	6001	主营业务收入	678800	678800
16	6401	主营业务成本	343200	343200
17	1405	库存商品		343200
18	1606	固定资产清理	7600	7600
19	2202	应付账款		7200
20	4103	本年利润	678800	678800
21	6801	所得税费用	74163.3	74163.3
22	4104	利润分配		222489.9
23	合计		4118244.53	4118244.53

图2.7.2 10月一级科目发生额

同理,分别得到11月、12月一级科目发生额,分别如图2.7.3、图2.7.4所示。

	A	B	C	D
1	一级科目代码	一级科目	借方	贷方
2	1002	银行存款	806196	884565.8
3	1122	应收账款	1923333	794196
4	6051	其他业务收入	12000	12000
5	6602	管理费用	17245	17245
6	2211	应付职工薪酬	10400	10400
7	1001	库存现金	45000	8845
8	1411	周转材料	10700	
9	2221	应交税费	284989.6	722428.9
10	6001	主营业务收入	1643875	1643875
11	6401	主营业务成本	915641.5	915641.5
12	1405	库存商品		915641.5
13	2202	应付账款	7200	
14	6601	销售费用	18500	18500
15	1221	其他应收款	2000	
16	1701	无形资产	190000.00	
17	2001	短期借款	600000	
18	4103	本年利润	1655875	1655875
19	6801	所得税费用	160747.1	160747.1
20	4104	利润分配		543741.4
21	合计		8303702.2	8303702.2

图2.7.3 11月一级科目发生额

	A	B	C	D
1	一级科目代码	一级科目	借方	贷方
2	1002	银行存款	2087573.00	391760.40
3	2001	短期借款		80000.00
4	1402	在途物资	160000.00	160000.00
5	2221	应交税费	314280.40	68490.00
6	2201	应付票据		46800.00
7	1122	应收账款	28080.00	1923333.00
8	1123	预付账款		10000.00
9	1403	原材料	160000.00	54000.00
10	5001	生产成本	67000.00	67000.00
11	5101	制造费用	10000.00	10000.00
12	6602	管理费用	4700.00	4700.00
13	2211	应付职工薪酬	12000.00	12000.00
14	1001	库存现金	13300.00	12000.00
15	6601	销售费用	5000.00	5000.00
16	1221	其他应收款		3000.00
17	1602	累计折旧		4000.00
18	1405	库存商品	67000.00	53600.00
19	6001	主营业务收入	96000.00	96000.00
20	6401	主营业务成本	53600.00	53600.00
21	6711	营业外支出	800.00	800.00
22	4103	本年利润	96000.00	96000.00
23	6801	所得税费用	8650.00	8650.00
24	4104	利润分配		23250.00
25	合计		3183983.40	3183983.40

图 2.7.4 12月一级科目发生额

2. 复制科目汇总数据

(1) 单击工作表"10月",复制区域 A2:A22,粘贴至工作表"总账查询打印"区域 E6:E26,复制工作表"10月"区域 C2:D22,粘贴至工作表"总账查询打印"区域 F6:G26,单击 D27 单元格,输入"本年累计",如图 2.7.5 所示。

	A	B	C	D	E	F	G	H	I	J
1										
2	单位:天科实业公司							第		页
3	2016年									
4	月	日	凭证号	摘要	一级科目	借方	贷方	借或贷	余额	余额
5				期初结转						
6	10			本月合计	1002	1122330.51	250915.12			
7	10			本月合计	1122	794196.00	1093330.51			
8	10			本月合计	1601	15000.00	20000.00			
9	10			本月合计	2221	121442.80	309398.9			
10	10			本月合计	6602	23346.8	23346.80			
11	10			本月合计	1001		7300			
12	10			本月合计	1221	3000.00				
13	10			本月合计	2211	226365.12				
14	10			本月合计	6603	500.00	500			
15	10			本月合计	1121		28500			
16	10			本月合计	6601	3500	3500.00			
17	10			本月合计	1602	14400.00	14400			
18	10			本月合计	6711	11600.00	11600			
19	10			本月合计	6001	678800	678800.00			
20	10			本月合计	6401	343200	343200.00			
21	10			本月合计	1405		343200.00			
22	10			本月合计	1606	7600	7600.00			
23	10			本月合计	2202		7200.00			

图 2.7.5 10月份科目发生额(部分)

(2) 同理,分别复制 11月、12月科目发生额,依次粘贴至工作表"总账查询打印"10月份数据下方,如图 2.7.6、图 2.7.7、图 2.7.8 所示。

单位：天科实业公司　　　　　　　　　　　　　　　　第　　　页

2016年

月	日	凭证号	摘　要	一级科目	借　方	贷　方	借或贷	余　额	余　额
10			本月合计	2202		7200.00			
10			本月合计	4103	678800	678800.00			
10			本月合计	6801	74163.3	74163.30			
10			本月合计	4104		222489.90			
10			本年累计						
11			本月合计	1002	806196	884565.8			
11			本月合计	1122	1923333	794196			
11			本月合计	6051	12000	12000			
11			本月合计	6602	17245	17245			
11			本月合计	2211	10400	10400			
11			本月合计	1001	45000	8845			
11			本月合计	1411	10700				
11			本月合计	2221	284989.6	722428.9			
11			本月合计	6001	1643875	1643875			
11			本月合计	6401	915641.5	915641.5			
11			本月合计	1405		915641.5			
11			本月合计	2202	7200				
11			本月合计	6601	18500	18500			
11			本月合计	1221	2000				

图 2.7.6　10、11 月份科目发生额（部分）

单位：天科实业公司　　　　　　　　　　　　　　　　第　　　页

2016年

月	日	凭证号	摘　要	一级科目	借　方	贷　方	借或贷	余　额	余　额
11			本月合计	1221	2000				
11			本月合计	1701	190000				
11			本月合计	2001	600000				
11			本月合计	4103	1655875	1655875			
11			本月合计	6801	160747.1	160747.1			
11			本月合计	4104		543741.4			
11			本年累计						
12			本月合计	1002	2087573.00	391760.40			
12			本月合计	2001		80000.00			
12			本月合计	1402	160000.00	160000.00			
12			本月合计	2221	314280.40	68490.00			
12			本月合计	2201		46800.00			
12			本月合计	1122	28080.00	1923333.00			
12			本月合计	1123		10000.00			
12			本月合计	1403	160000.00	54000.00			
12			本月合计	5001	67000.00	67000.00			
12			本月合计	5101	10000.00	10000.00			
12			本月合计	6602	4700.00	4700.00			
12			本月合计	2211	12000.00	12000.00			

图 2.7.7　11、12 月份科目发生额（部分）

2.7.3　进行模板函数设置

1. 计算期初结转的一级科目代码

单击单元格 E5，输入函数"==SUBTOTAL(1,E6:E9402)"，按回车键，得到 E 列一级科目的平均值，其值为：3392.777778。

	A	B	C	D	E	F	G	H	I	J
1										
2	单位:天科实业公司							第	页	
3	2016年									
4	月	日	凭证号	摘要	一级科目	借方	贷方	借或贷	余额	余额
56	12			本月合计	5001	67000.00	67000.00			
57	12			本月合计	5101	10000.00	10000.00			
58	12			本月合计	6602	4700.00	4700.00			
59	12			本月合计	2211	12000.00	12000.00			
60	12			本月合计	1001	13300.00	12000.00			
61	12			本月合计	6601	5000.00	5000.00			
62	12			本月合计	1221		3000.00			
63	12			本月合计	1602		4000.00			
64	12			本月合计	1405	67000.00	53600.00			
65	12			本月合计	6001	96000.00	96000.00			
66	12			本月合计	6401	53600.00	53600.00			
67	12			本月合计	6711	800.00	800.00			
68	12			本月合计	4103	96000.00	96000.00			
69	12			本月合计	6801	8650.00	8650.00			
70	12			本月合计	4104		23250.00			
71	12			本年累计						
72										

图 2.7.8　12月份科目发生额

2. 计算"本年累计"对应的一级科目

单击单元格 E27,输入函数"=SUBTOTAL(1,OFFSET(E26,0,0,-COUNTIF($A:$A,$A27)+1,1))",按回车键,得到 27 行上方科目代码的平均值: 3440.095238 。

将 E27 单元格函数分别复制、粘贴到单元格 E47、E71,分别计算 11 月、12 月"本年累计"的一级科目代码的平均值。其结果分别是: 3376.947368 和 3362.652174 。

3. 计算"本年累计"的借方发生额

单击单元格 F27,输入函数"=SUBTOTAL(9,OFFSET($F$1,0,0,ROW()-1,1))",得到 10 月份所有科目借方发生额: 4,118,244.53 。

复制单元格 F27 的函数,粘贴到单元格 F47 和 F71,分别得到 11、12 月"本年累计"的借方发生额。其结果分别是: 12,421,946.73 和 15,605,930.13 。

4. 计算"本年累计"的贷方发生额

单击单元格 G27,输入函数"=SUBTOTAL(9,OFFSET($G$1,0,0,ROW()-1,1))",得到 10 月份所有科目贷方发生额: 4,118,244.53 。

复制单元格 G27 的函数,粘贴到单元格 G47 和 G71,分别得到 11、12 月"本年累计"的贷方发生额。其结果分别是: 12,421,946.73 和 15,605,930.13 。

5. 设置总账名称

单击单元格 D1,输入函数"=VLOOKUP(SUBTOTAL(1,E:E),'填制凭证(序时账)'!H:I,2,0)&"总账"",按回车键,得到账簿的总账名称。

6. 返回用户查询或打印总账的科目性质

单击 J3 单元格,输入公式"=VLOOKUP(SUBTOTAL(1,E:E),基础设置!A:D,4,0)",按回车键,得到科目的性质。

说明:首先应用函数 SUBTOTAL(1,E:E),计算 E 列科目代码的平均值,然后根据算出的科目代码,应用 VLOOKUP() 函数从工作表"基础设置"中查找相等的科目代码,返回科目代码对应的科目性质:借或者贷。

7. 计算余额

(1) 计算期初结转的余额

单击单元格J5,输入函数"=VLOOKUP(SUBTOTAL(1,E:E),基础设置!A:E,5,0)",按回车键,得到科目的期初余额。

(2) 计算发生额的余额

单击单元格J6,输入函数"=IF($J$3="借",J5+SUBTOTAL(9,F6)-SUBTOTAL(9,G6),J5+SUBTOTAL(9,G6)-SUBTOTAL(9,F6))",按回车键,计算出对应科目的余额。将鼠标放在单元格J6右下角,利用填充柄填充至单元格J999。

(3) 取J列计算出的余额的绝对值

单击单元格I5,输入公式"=ABS(J5)",取单元格J5平均值。

单击单元格I6,输入函数"=IF(AND(F6=0,G6=0),"",ABS(J6))",按回车键,取单元格J6数值的绝对值。将鼠标放在单元格I6右下角,利用填充柄填充至单元格I999。

(4) 返回余额所在的方向

① 期初余额所在的方向。

单击单元格H5,输入函数"=IF(AND($J$3="借",J5>0),"借",IF(AND($J$3="借",J5<0),"贷",IF(AND($J$3="贷",J5>0),"贷",IF(AND($J$3="贷",J5<0),"借",IF(J5=0,"平")))))",按回车键,得到期初余额所在的方向。

函数说明:该函数的应用与明细账簿应用原理一致。通过判断余额的正负性,结合科目本身的性质,得出余额所在的方向。

② 期间余额所在的方向。

单击单元格H6,输入函数"=IF(AND(F6=0,G6=0),"",IF(AND($J$3="借",J6>0),"借",IF(AND($J$3="借",J6<0),"贷",IF(AND($J$3="贷",J6>0),"贷",IF(AND($J$3="贷",J6<0),"借",IF(J6=0,"平"))))))",按回车键,得到科目余额所在的方向。将鼠标放在单元格H6右下角,利用填充柄填充至单元格H999。

至此,总账模板设置完毕。初始运算结果如图2.7.9所示。

图2.7.9 总账初始运算结果(部分)

初始结果说明:账簿名称、余额以及余额所在方向结果之所以为空,是因为其结果的计算依据是 E 列科目代码的平均值,并结合 J3 单元格查询返回的科目代码对应的性质。由于初始的平均值是三个月份所有经济业务对应的科目代码的平均值,不是某一个科目代码,因此 VLOOKUP()函数查询不到其代码,故而结果为空。

2.7.4 总账查询

(1)单击单元格 E4,点击菜单"数据筛选",单元格 E4 后面出现自动筛选下拉箭头。

(2)单击单元格 E4 下拉箭头,勾选需要查询的账簿科目代码以及"空白",单击"确定",得到需要查询的总账。

例如:如果需要查询"银行存款"总账,则点击 E4 单元格下拉箭头,同时勾选科目代码"1002"和"空白",如图 2.7.10 所示。

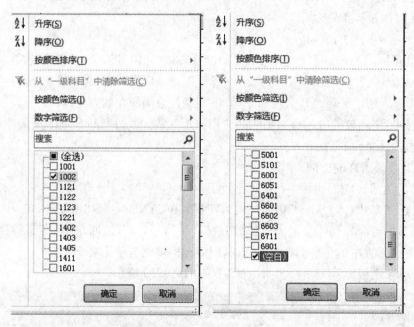

图 2.7.10 勾选"银行存款"总账科目

单击"确定",得到"银行存款"总账,如图 2.7.11 所示。

	A	B	C	D	E	F	G	H	I	J
1						银行存款　总帐				
2	单位:天科实业公司								第　页	
3	2016年									借
4	月	日	凭证号	摘　要	一级科目	借　方	贷　方	借或贷	余　额	余　额
5	-	-	-	期初结转	1002			平		
6	10			本月合计	1002	1122330.51	250915.12	借	871,415.39	871415.39
27	10			本年累计	1002	1,122,330.51	250,915.12	借	871,415.39	871415.39
28	11			本月合计	1002	806196	884565.8	借	793,045.59	793045.59
47	11			本年累计	1002	1,928,526.51	1,135,480.92	借	793,045.59	793045.59
48	12			本月合计	1002	2087673.00	391760.40	借	2,488,858.19	2488858.19
71	12			本年累计	1002	4,016,099.51	1,527,241.32	借	2,488,858.19	2488858.19

图 2.7.11 银行存款总账

例如，查询"管理费用"总账。

单击单元格 E4 下拉箭头，勾选科目代码"6602"和"空白"，单击"确定"，得到"管理费用"总账，如图 2.7.12 所示。用户可以根据需要，查询任何科目的总账。

	A	B	C	D	E	F	G	H	I	J
1					管理费用　总帐					
2	单位：天科实业公司							第　　　页		
3	2016年									借
4	月	日	凭证号	摘要	一级科目	借方	贷方	借或贷	余额	余额
5	-	-		期初结转	6602	-		平	-	
10	10			本月合计	6602	23346.8	23346.80	借	0.00	3.63798E-12
27	10			本年累计	6602	23,346.80	23,346.80	借	0.00	3.63798E-12
31	11			本月合计	6602	17245	17245	借	0.00	3.63798E-12
47	11			本年累计	6602	40,591.80	40,591.80	借	0.00	3.63798E-12
58	12			本月合计	6602	4700.00	4700.00	借	0.00	3.63798E-12
71	12			本年累计	6602	45,291.80	45,291.80	借	0.00	3.63798E-12

图 2.7.12　管理费用总账

2.7.5　总账打印

根据需要打印的总账，勾选对应的一级科目，然后打印筛选出的结果。注意，由于 J 列是计算余额的辅助列，不需要打印出来。因此，在模板设置好后，可以将 J 列隐藏。

例如，如果用户需要打印"其他应收款总账"。

单击单元格 E4，勾选科目代码"1221"和"空白"，单击"确定"，得到图 2.7.13。

	A	B	C	D	E	F	G	H	I
1					其他应收款　总帐				
2	单位：天科实业公司							第　　　页	
3	2016年								
4	月	日	凭证号	摘要	一级科目	借方	贷方	借或贷	余额
5	-	-		期初结转	1221	-		平	-
12	10			本月合计	1221	3000.00		借	3,000.00
27	10			本年累计	1221	3,000.00		借	3,000.00
41	11			本月合计	1221	2000		借	5,000.00
47	11			本年累计	1221	5,000.00		借	5,000.00
62	12			本月合计	1221		3000.00	贷	8,850.00
71	12			本年累计	1221	5,000.00	3,000.00	借	5,000.00
72									

图 2.7.13　打印"其他应收款总账"

然后打印 A1：I71 显示区域即可。

学习任务2.8　编制资产负债表

任务引入：根据任务 2.2 中天科实业公司的经济业务，编制资产负债表。要求通过函数设置，实现数据自动导入资产负债表。

解决思路：根据天科实业公司第四季度序时账，首先进行科目汇总。然后根据会计核算,绘制资产负债表格式,并在资产负债表相应单元格输入合适的函数或公式,自动导入各账户期初余额,并根据科目汇总结果,自动计算期末数,最后验算平衡。

任务解决:

双击工作簿"会计核算系统",将其激活。然后单击"插入工作表"按钮,插入一张工作表,并将工作表命名为"资产负债表",绘制资产负债表格式。

单击工作表标签"资产负债表",然后绘制资产负债表格式,如表 2.8.1 所示。

表 2.8.1 资产负债表

	A	B	C	D	E	F
1			资产负债表(12月)			
2	编制单位:天科实业公司		2016年12月31日		单位:元	
3	资产	期初数	期末数	负债及所有者权益	期初数	期末数
4	流动资产:			流动负债:		
5	货币资金			短期借款		
6	短期投资			应付票据		
7	应收票据			应付账款		
8	应收股利			预收账款		
9	应收利息			应付职工薪酬		
10	应收账款			应付股利		
11	预付账款			应交税费		
12	应收补贴款			其他应交款		
13	其他应收款			其他应付款		
14	存货			预提费用		
15	待摊费用			预计负债		
16	一年内到期长期债权			一年内到期长期负债		
17	其他流动资产			其他流动负债		
18	流动资产合计			流动负债合计		
19	长期投资:			长期负债:		
20	长期股权投资			长期借款		
21	长期债权投资			应付债券		
22	长期投资合计			长期应付款		
23	减:长期投资减值准备			专项应付款		
24	长期投资净值			其他长期负债		
25	固定资产:			长期负债合计		
26	固定资产原价			负债合计		
27	减:累计折旧			所有者权益:		

续表

	A	B	C	D	E	F
28	固定资产净值			股本		
29	固定资产清理			资本公积		
30	工程物资			盈余公积		
31	在建工程			未分配利润		
32	固定资产合计			所有者权益合计		
33	无形资产及其他资产:					
34	无形资产					
35	长期待摊费用					
36	其他长期资产					
37	无形及其他资产合计					
38	资产合计			负债及所有者权益合计		

2.8.1 对第四季度账户发生额进行科目汇总

1. 单击工作表:发生额及余额表

绘制发生额及余额表格式,如表 2.8.2 所示。

表 2.8.2 发生额及余额表

	A	B	C	D	E	F	G	H
1	发生额及余额表							
2	科目代码	一级科目	明细科目	科目属性	期初余额	借方累计	贷方累计	期末余额
3								
4								
5								
6								
7								
8								
9								
10								
11								
12								
13								

续表

	A	B	C	D	E	F	G	H
14								
15								
16								
17								
18								
19								
20								
21								
22								
23								
24								
25								

2. 输入发生额及余额计算函数，设置模板

单击单元格 A3，输入公式"=基础设置！A3"，按回车键，返回工作表"基础设置"中单元格 A3 内容。然后用填充柄，将工作表"发生额及余额"中 A3 单元格公式复制到 A 列。

单击单元格 B3，输入公式"=基础设置！B3"，按回车键，返回工作表"基础设置"中单元格 B3 内容。然后用填充柄，将工作表"发生额及余额"中 B3 单元格公式复制到 B 列。

单击单元格 C3，输入公式"=基础设置！C3"，按回车键，返回工作表"基础设置"中单元格 C3 内容。然后用填充柄，将工作表"发生额及余额"中 C3 单元格公式复制到 C 列。

单击单元格 D3，输入公式"=基础设置！D3"，按回车键，返回工作表"基础设置"中单元格 D3 内容。然后用填充柄，将工作表"发生额及余额"中 D3 单元格公式复制到 D 列。

单击单元格 E3，输入公式"=基础设置！E3"，按回车键，返回工作表"基础设置"中单元格 E3 内容。然后用填充柄，将工作表"发生额及余额"中 E3 单元格公式复制到 E 列。

单击单元格 F3，输入函数"=SUMIF('填制凭证(序时账)'！G:G,A3,'填制凭证(序时账)'！L:L)"，按回车键，得到科目代码为"1001"、一级科目为"库存现金"在第四季度的借方发生额：0；并将 F3 单元格函数复制到 F 列。

单击单元格 G3，输入公式"=SUMIF('填制凭证(序时账)'！G:G,A3,'填制凭证(序时账)'！M:M)"，按回车键，得到科目代码为"1001"、一级科目为"库存现金"在第四季度的贷方发生额：0；并将 G3 单元格函数复制到 G 列。

单击单元格 H3，输入函数"=IF(D3="借",E3+F3－G3,E3+G3－F3)"，按回车

键,得到科目代码为"1001"、一级科目为"库存现金"的期末余额:0;并将 H3 单元格函数复制到 H 列;注意:此处计算科目的期末余额,需要根据科目的性质,如果是"借",则是"期初数+借方发生额-贷方发生额";如果是"贷",则是"期初数+贷方发生额-借方发生额"。

3. 发生额及余额计算结果

根据上述函数及公式运算,得到发生额及余额表计算结果,如表 2.8.3 所示。

表 2.8.3　发生额及余额表计算结果　　　　　　　　单位:元

	A	B	C	D	E	F	G	H
1	发生额及余额表							
2	科目代码	一级科目	明细科目	科目属性	期初余额	借方累计	贷方累计	期末余额
3	1001	库存现金	0	借	0.00	0.00	0.00	0.00
4	100101	库存现金	人民币	借	6000.00	58300.00	28145.00	36155.00
5	1002	银行存款	0	借	0.00	0.00	0.00	0.00
6	100201	银行存款	工商银行	借	10000000.00	4016099.51	1527241.32	12488858.19
7	1121	应收票据	0	借	28500.00	0.00	28500.00	0.00
8	1123	预付账款	0	借	10000.00	0.00	10000.00	0.00
9	1122	应收账款	0	借	1093330.51	0.00	1093330.51	0.00
10	112201	应收账款	上海威创	借	0.00	794196.00	794196.00	0.00
11	112202	应收账款	上海群力	借	0.00	1342575.00	1342575.00	0.00
12	112203	应收账款	上海京扬	借	0.00	580758.00	580758.00	0.00
13	112204	应收账款	宏大	借	0.00	28080.00	0.00	28080.00
14	1221	其他应收款	0	借	0.00	0.00	0.00	0.00
15	122101	其他应收款	赵飞	借	0.00	0.00	0.00	0.00
16	122102	其他应收款	张旭	借	0.00	2000.00	0.00	2000.00
17	122103	其他应收款	李勇	借	0.00	3000.00	3000.00	0.00
18	1411	周转材料	0	借	0.00	10700.00	0.00	10700.00
19	1402	在途物资	0	借	0.00	10000.00	10000.00	0.00
20	140201	在途物资	甲材料	借	0.00	60000.00	60000.00	0.00
21	140202	在途物资	丙材料	借	0.00	50000.00	50000.00	0.00
22	140203	在途物资	乙材料	借	0.00	40000.00	40000.00	0.00
23	1403	原材料	0	借	0.00	160000.00	54000.00	106000.00
24	1405	库存商品	0	借	0.00	0.00	0.00	0.00
25	140501	库存商品	甲产品	借	1258841.50	67000.00	1312441.50	13400.00
26	1601	固定资产	0	借	1000000.00	15000.00	20000.00	995000.00

续表

	A	B	C	D	E	F	G	H
27	1602	累计折旧	0	贷	0.00	14400.00	18400.00	4000.00
28	1606	固定资产清理	0	借	0.00	7600.00	7600.00	0.00
29	1701	无形资产	0	借	0.00	190000.00	0.00	190000.00
30	2001	短期借款	0	贷	0.00	0.00	0.00	0.00
31	200101	短期借款	花旗银行	贷	600000.00	600000.00	80000.00	80000.00
32	2201	应付票据	0	贷	1070306.89	0.00	0.00	1070306.89
33	220101	应付票据	商业承兑汇票	贷	0.00	0.00	46800.00	46800.00
34	2202	应付账款	0	贷	0.00	7200.00	7200.00	0.00
35	2211	应付职工薪酬	0	贷	226365.12	192414.80	12000.00	45950.32
36	221101	应付职工薪酬	非货币性福利	贷	0.00	10400.00	10400.00	0.00
37	221102	应付职工薪酬	住房公积金	贷	0.00	22975.16	0.00	−22975.16
38	221103	应付职工薪酬	工资	贷	0.00	22975.16	0.00	−22975.16
39	2221	应交税费	0	贷	0.00	0.00	0.00	0.00
40	222101	应交税费	应交增值税（进项税额）	贷	0.00	33462.60	33462.60	0.00
41	222102	应交税费	应交增值税（销项税额）	贷	0.00	411174.00	411174.00	0.00
42	222103	应交税费	未交增值税	贷	0.00	32515.80	412120.80	379605.00
43	222104	应交税费	应交所得税	贷	0.00	243560.40	243560.40	0.00
44	2301	长期借款	0	贷	1000000.00	0.00	0.00	1000000.00
45	3101	股本	0	贷	10000000.00	0.00	0.00	10000000.00
46	4101	盈余公积	0	贷	500000.00	0.00	0.00	500000.00
47	4103	本年利润	0	贷	0.00	2430675.00	2430675.00	0.00
48	4104	利润分配	0	贷	0.00	0.00	0.00	0.00
49	410401	利润分配	未分配利润	贷	0.00	0.00	789481.30	789481.30
50	5001	生产成本	0	借	0.00	0.00	67000.00	−67000.00
51	500101	生产成本	甲产品	借	0.00	67000.00	0.00	67000.00
52	5101	制造费用	0	借	0.00	10000.00	10000.00	0.00
53	6001	主营业务收入	0	贷	0.00	2418675.00	2418675.00	0.00
54	6051	其他业务收入	0	贷	0.00	12000.00	12000.00	0.00
55	6301	营业外收入	0	贷	0.00	0.00	0.00	0.00
56	6401	主营业务成本	0	借	0.00	1312441.50	1312441.50	0.00
57	6601	销售费用	0	借	0.00	27000.00	27000.00	0.00

	A	B	C	D	E	F	G	H
58	6602	管理费用	0	借	0.00	45291.80	45291.80	0.00
59	6603	财务费用	0	借	0.00	500.00	500.00	0.00
60	6711	营业外支出	0	借	0.00	11600.00	11600.00	0.00
61	671101	营业外支出	罚款支出	借	0.00	800.00	800.00	0.00
62	6801	所得税费用	0	借	0.00	243560.40	243560.40	0.00

4. 验算借、贷双方发生额是否相等

(1) 比较科目汇总借贷双方是否平衡

单击单元格 F63,输入函数"=SUM(F3:F62)",按回车键,得到结果： 15605930.13

单击单元格 G63,输入函数"=SUM(G3:G62)",按回车键,得到结果： 15605930.13

借贷双方相等。

(2) 比较科目汇总表借、贷方结果与明细账簿的本年累计借、贷方结果

明细账簿中,第四季度本年累计借、贷方发生额的结果,分别存放在单元格 F209 和 G209 中,因此,单击工作表"明细账查询打印",查看单元格 F209 和单元格 G209,其结果分别是 15605930.13 和 15605930.13 ,分别与科目汇总表借、贷双方发生额相等。

(3) 比较科目汇总表借、贷方结果与总账的本年累计借、贷方结果

总账第四季度本年累计的借、贷方发生额分别存放在单元格 F71 和 G71 中,因此,单击工作表"总账查询打印",查看单元格 F71 和 G71,其结果分别是 15,605,930.13 和 15,605,930.13 ,分别与科目汇总表借、贷双方发生额相等。

2.8.2 设置资产负债表函数及公式,建立资产负债表模板

1. 定义公式,计算期初数

在本例中,资产负债表各账户期初数,在基础设置中已经设置好,只需计算工作表"发生额及余额"中对应期初数据即可。在会计核算实务中,此处数据该是上一季度的期末数,因此将第三季度期末数,直接引用到本资产负债表中对应位置即可。

期初数计算公式如表 2.8.4 所示。

表 2.8.4 "资产负债表"期初数计算公式

单元格	公式
B5(货币资金)	=SUMIF(发生额及余额表!B:B,"库存现金",发生额及余额表!E:E) +SUMIF(发生额及余额表!B:B,"银行存款",发生额及余额表!E:E)
B6(短期投资)	=SUMIF(发生额及余额表!B:B,A6,发生额及余额表!E:E)
B7(应收票据)	=SUMIF(发生额及余额表!B:B,A7,发生额及余额表!E:E)
B8(应收股利)	=SUMIF(发生额及余额表!B:B,A8,发生额及余额表!E:E)
B9(应收利息)	=SUMIF(发生额及余额表!B:B,A9,发生额及余额表!E:E)

续表

单元格	公式
B10(应收账款)	=SUMIF(发生额及余额表!B:B,A10,发生额及余额表!E:E)
B11(预付账款)	=SUMIF(发生额及余额表!B:B,A11,发生额及余额表!E:E)
B12(应收补贴款)	=SUMIF(发生额及余额表!B:B,A12,发生额及余额表!E:E)
B13(其他应收款)	=SUMIF(发生额及余额表!B:B,A13,发生额及余额表!E:E)
B14(存货)	=SUMIF(发生额及余额表!B:B,"在途物资",发生额及余额表!E:E) +SUMIF(发生额及余额表!B:B,"库存商品",发生额及余额表!E:E) +SUMIF(发生额及余额表!B:B,"周转材料",发生额及余额表!E:E) +SUMIF(发生额及余额表!B:B,"原材料",发生额及余额表!E:E)
B15(待摊费用)	=SUMIF(发生额及余额表!B:B,A15,发生额及余额表!E:E)
B16(一年内到期长期债权)	=SUMIF(发生额及余额表!B:B,A16,发生额及余额表!E:E)
B17(其他流动资产)	=SUMIF(发生额及余额表!B:B,A17,发生额及余额表!E:E)
B18(流动资产合计)	=SUM(B5:B17)
B20(长期股权投资)	=SUMIF(发生额及余额表!B:B,A20,发生额及余额表!E:E)
B21(长期债权投资)	=SUMIF(发生额及余额表!B:B,A21,发生额及余额表!E:E)
B22(长期投资合计)	=SUM(B20:B21)
B23(长期投资减值准备)	=SUMIF(发生额及余额表!B:B,"长期投资减值准备",发生额及余额表!E:E)
B24(长期投资净值)	=B22-B23
B26(固定资产原价)	=SUMIF(发生额及余额表!B:B,"固定资产",发生额及余额表!E:E)
B27(累计折旧)	=SUMIF(发生额及余额表!B:B,"累计折旧",发生额及余额表!E:E)
B28(固定资产净值)	=B26-B27
B29(固定资产清理)	=SUMIF(发生额及余额表!B:B,A29,发生额及余额表!E:E)
B30(工程物资)	=SUMIF(发生额及余额表!B:B,A30,发生额及余额表!E:E)
B31(在建工程)	=SUMIF(发生额及余额表!B:B,A31,发生额及余额表!E:E)
B32(固定资产合计)	=SUM(B28:B31)
B34(无形资产)	=SUMIF(发生额及余额表!B:B,A34,发生额及余额表!E:E)
B35(长期待摊费用)	=SUMIF(发生额及余额表!B:B,A35,发生额及余额表!E:E)
B36(其他长期资产)	=SUMIF(发生额及余额表!B:B,A36,发生额及余额表!E:E)
B37(无形及其他资产合计)	=SUM(B34:B36)
B38(资产合计)	=B18+B24+B32+B37
E5(短期借款)	=SUMIF(发生额及余额表!B:B,D5,发生额及余额表!E:E)
E6(应付票据)	=SUMIF(发生额及余额表!B:B,D6,发生额及余额表!E:E)

续表

单元格	公式
E7(应付账款)	=SUMIF(发生额及余额表!B:B,D7,发生额及余额表!E:E)
E8(预收账款)	=SUMIF(发生额及余额表!B:B,D8,发生额及余额表!E:E)
E9(应付职工薪酬)	=SUMIF(发生额及余额表!B:B,D9,发生额及余额表!E:E)
E10(应付股利)	=SUMIF(发生额及余额表!B:B,D10,发生额及余额表!E:E)
E11(应交税费)	=SUMIF(发生额及余额表!B:B,D11,发生额及余额表!E:E)
E12(其他应交款)	=SUMIF(发生额及余额表!B:B,D12,发生额及余额表!E:E)
E13(其他应付款)	=SUMIF(发生额及余额表!B:B,D13,发生额及余额表!E:E)
E14(预提费用)	=SUMIF(发生额及余额表!B:B,D14,发生额及余额表!E:E)
E15(预计负债)	=SUMIF(发生额及余额表!B:B,D15,发生额及余额表!E:E)
E16(一年内到期长期负债)	=SUMIF(发生额及余额表!B:B,D16,发生额及余额表!E:E)
E17(其他流动负债)	=SUMIF(发生额及余额表!B:B,D17,发生额及余额表!E:E)
E18(流动负债合计)	=SUM(E5:E17)
E20(长期借款)	=SUMIF(发生额及余额表!B:B,D20,发生额及余额表!E:E)
E21(应付债券)	=SUMIF(发生额及余额表!B:B,D21,发生额及余额表!E:E)
E22(长期应付款)	=SUMIF(发生额及余额表!B:B,D22,发生额及余额表!E:E)
E23(专项应付款)	=SUMIF(发生额及余额表!B:B,D23,发生额及余额表!E:E)
E24(其他长期负债)	=SUMIF(发生额及余额表!B:B,D24,发生额及余额表!E:E)
E25(长期负债合计)	=SUM(E20:E24)
E26(负债合计)	=E18+E25
E28(股本)	=SUMIF(发生额及余额表!B:B,D28,发生额及余额表!E:E)
E29(资本公积)	=SUMIF(发生额及余额表!B:B,D29,发生额及余额表!E:E)
E30(盈余公积)	=SUMIF(发生额及余额表!B:B,D30,发生额及余额表!E:E)
E31(未分配利润)	=SUMIF(发生额及余额表!B:B,"利润分配",发生额及余额表!E:E)
E32(所有者权益合计)	=SUM(E28:E31)
E38(负债及所有者权益合计)	=E26+E32

2. 定义公式,计算期末数

单击工作表"资产负债表",分别在期末数各单元格中定义公式,如表2.8.5所示。

表2.8.5 "资产负债表"期末数计算公式

单元格	公式
C5(货币资金)	=SUMIF(发生额及余额表!B:B,"库存现金",发生额及余额表!H:H)+SUMIF(发生额及余额表!B:B,"银行存款",发生额及余额表!H:H)

续表

单元格	公式
C6(短期投资)	=SUMIF(发生额及余额表！B:B,A6,发生额及余额表！H:H)
C7(应收票据)	=SUMIF(发生额及余额表！B:B,A7,发生额及余额表！H:H)
C8(应收股利)	=SUMIF(发生额及余额表！B:B,A8,发生额及余额表！H:H)
C9(应收利息)	=SUMIF(发生额及余额表！B:B,A9,发生额及余额表！H:H)
C10(应收账款)	=SUMIF(发生额及余额表！B:B,A10,发生额及余额表！H:H)
C11(预付账款)	=SUMIF(发生额及余额表！B:B,A11,发生额及余额表！H:H)
C12(应收补贴款)	=SUMIF(发生额及余额表！B:B,A12,发生额及余额表！H:H)
C13(其他应收款)	=SUMIF(发生额及余额表！B:B,A13,发生额及余额表！H:H)
C14(存货)	=SUMIF(发生额及余额表！B:B,"在途物资",发生额及余额表！H:H)+SUMIF(发生额及余额表！B:B,"库存商品",发生额及余额表！H:H)+SUMIF(发生额及余额表！B:B,"周转材料",发生额及余额表！H:H)+SUMIF(发生额及余额表！B:B,"原材料",发生额及余额表！H:H)
C15(待摊费用)	=SUMIF(发生额及余额表！B:B,A15,发生额及余额表！H:H)
C16(一年内到期长期债权)	=SUMIF(发生额及余额表！B:B,A16,发生额及余额表！H:H)
C17(其他流动资产)	=SUMIF(发生额及余额表！B:B,A17,发生额及余额表！H:H)
C18(流动资产合计)	=SUM(C5:C17)
C20(长期股权投资)	=SUMIF(发生额及余额表！B:B,A20,发生额及余额表！H:H)
C21(长期债权投资)	=SUMIF(发生额及余额表！B:B,A21,发生额及余额表！H:H)
C22(长期投资合计)	=SUM(C20:C21)
C23(长期投资减值准备)	=SUMIF(发生额及余额表！B:B,"长期投资减值准备",发生额及余额表！H:H)
C24(长期投资净值)	=C22－C23
C26(固定资产原价)	=SUMIF(发生额及余额表！B:B,"固定资产",发生额及余额表！H:H)
C27(累计折旧)	=SUMIF(发生额及余额表！B:B,"累计折旧",发生额及余额表！H:H)
C28(固定资产净值)	=C26－C27
C29(固定资产清理)	=SUMIF(发生额及余额表！B:B,A29,发生额及余额表！H:H)
C30(工程物资)	=SUMIF(发生额及余额表！B:B,A30,发生额及余额表！H:H)
C31(在建工程)	=SUMIF(发生额及余额表！B:B,A31,发生额及余额表！H:H)
C32(固定资产合计)	=SUM(C28:C31)
C34(无形资产)	=SUMIF(发生额及余额表！B:B,A34,发生额及余额表！H:H)
C35(长期待摊费用)	=SUMIF(发生额及余额表！B:B,A35,发生额及余额表！H:H)
C36(其他长期资产)	=SUMIF(发生额及余额表！B:B,A36,发生额及余额表！H:H)

续表

单元格	公式
C37(无形及其他资产合计)	=SUM(C34:C36)
C38(资产合计)	=C18+C24+C32+C37
F5(短期借款)	=SUMIF(发生额及余额表!B:B,D5,发生额及余额表!H:H)
F6(应付票据)	=SUMIF(发生额及余额表!B:B,D6,发生额及余额表!H:H)
F7(应付账款)	=SUMIF(发生额及余额表!B:B,D7,发生额及余额表!H:H)
F8(预收账款)	=SUMIF(发生额及余额表!B:B,D8,发生额及余额表!H:H)
F9(应付职工薪酬)	=SUMIF(发生额及余额表!B:B,D9,发生额及余额表!H:H)
F10(应付股利)	=SUMIF(发生额及余额表!B:B,D10,发生额及余额表!H:H)
F11(应交税费)	=SUMIF(发生额及余额表!B:B,D11,发生额及余额表!H:H)
F12(其他应交款)	=SUMIF(发生额及余额表!B:B,D12,发生额及余额表!H:H)
F13(其他应付款)	=SUMIF(发生额及余额表!B:B,D13,发生额及余额表!H:H)
F14(预提费用)	=SUMIF(发生额及余额表!B:B,D14,发生额及余额表!H:H)
F15(预计负债)	=SUMIF(发生额及余额表!B:B,D15,发生额及余额表!H:H)
F16(一年内到期长期负债)	=SUMIF(发生额及余额表!B:B,D16,发生额及余额表!H:H)
F17(其他流动负债)	=SUMIF(发生额及余额表!B:B,D17,发生额及余额表!H:H)
F18(流动负债合计)	=SUM(F5:F17)
F20(长期借款)	=SUMIF(发生额及余额表!B:B,D20,发生额及余额表!H:H)
F21(应付债券)	=SUMIF(发生额及余额表!B:B,D21,发生额及余额表!H:H)
F22(长期应付款)	=SUMIF(发生额及余额表!B:B,D22,发生额及余额表!H:H)
F23(专项应付款)	=SUMIF(发生额及余额表!B:B,D23,发生额及余额表!H:H)
F24(其他长期负债)	=SUMIF(发生额及余额表!B:B,D24,发生额及余额表!H:H)
F25(长期负债合计)	=SUM(F20:F24)
F26(负债合计)	=F18+F25
F28(股本)	=SUMIF(发生额及余额表!B:B,D28,发生额及余额表!H:H)
F29(资本公积)	=SUMIF(发生额及余额表!B:B,D29,发生额及余额表!H:H)
F30(盈余公积)	=SUMIF(发生额及余额表!B:B,D30,发生额及余额表!H:H)
F31(未分配利润)	=SUMIF(发生额及余额表!B:B,"利润分配",发生额及余额表!H:H)
F32(所有者权益合计)	=SUM(F28:F31)
F38(负债及所有者权益合计)	=F26+F32

3. 资产负债表

公式输入完毕,得到第四季度资产负债表,分别如图2.8.1、图2.8.2所示。

验算平衡:(1) 期初数:资产合计=13396672.01,

负债及所有者权益合计=13396672.01;

资产负债表

编制单位：天科实业公司　　　　2016年12月31日　　　　单位：元

资产	期初数	期末数	负债及所有者权益	期初数	期末数
流动资产：			流动负债		
货币资金	10006000	12525013.19	短期借款	600000	80000
短期投资	0	0	应付票据	1070306.89	1117106.89
应收票据	28500	0	应付账款	0	0
应收股利	0	0	预收账款	0	0
应收利息	0	0	应付职工薪酬	226365.12	0
应收账款	1093330.51	28080	应付股利	0	0
预付账款	10000	0	应交税费	0	379605
应收补贴款	0	0	其他应交款	0	0
其他应收款	0	2000	其他应付款	0	0
存货	1258841.5	130100	预提费用	0	0
待摊费用	0	0	预计负债	0	0
一年内到期长期债权	0	0	一年内到期长期负债	0	0
其他流动资产	0	0	其他流动负债	0	0
流动资产合计	12396672.01	12685193.19	流动负债合计	1896672.01	1576711.89
长期投资：			长期负债：		

图2.8.1　资产负债表（部分1）

	期初数	期末数		期初数	期末数
长期股权投资	0	0	长期借款	1000000	1000000
长期债权投资	0	0	应付债券	0	0
长期投资合计	0	0	长期应付款	0	0
减：长期投资减值准备	0	0	专项应付款	0	0
长期投资净值	0	0	其他长期负债	0	0
固定资产：			长期负债合计	1000000	1000000
固定资产原价	1000000	995000	负债合计	2896672.01	2576711.89
减：累计折旧	0	4000	所有者权益：		
固定资产净值	1000000	991000	股本	10000000	10000000
固定资产清理	0	0	资本公积	0	0
工程物资	0	0	盈余公积	500000	500000
在建工程	0	0	未分配利润	0	789481.3
固定资产合计	1000000	991000	所有者权益合计	10500000	11289481.3
无形资产及其他资产：					
无形资产	0	190000			
长期待摊费用	0	0			
其他长期资产	0	0			
无形及其他资产合计	0	190000			
资产合计	13396672.01	13866193.19	负债及所有者权益合计	13396672.01	13866193.19

图2.8.2　资产负债表（部分2）

资产＝负债＋所有者权益。

（2）期末数：资产合计＝13866193.19，

　　　　　　负债及所有者权益合计＝13866193.19；

　　　　　　资产＝负债＋所有者权益。

学习任务2.9　编制第四季度利润表

任务引入：根据任务2.2中天科实业公司的经济业务，编制资产负债表。要求通过函数设置，自动计算第四季度利润表相应数据。

解决思路：根据会计核算，绘制利润表格式，然后根据天科实业公司第四季度序时账和任务 2.8 计算出的科目汇总表（发生额及余额表），在利润表相应单元格，输入合适的函数或公式，自动计算本季度相应数据，最后对结果进行验算平衡。

任务解决：

双击工作簿"会计核算系统"，将其激活。然后单击"插入工作表"按钮，插入一张工作表，并命名为：利润表。

2.9.1 绘制利润表格式

单击工作表标签"利润表"，然后绘制利润表格式，如表 2.9.1 所示。

表 2.9.1 利润表格式

	A	B	C
1	利 润 表		
2	编制单位：天科实业公司　　2016 年 12 月 31 日	单位：元	
3	项目	本季度数	本年累计
4	一、主营业务收入		
5	减：主营业务成本		
6	主营业务税金及附加		
7	二、主营业务利润		
8	加：其他业务收入		
9	减：其他业务成本		
10	销售费用		
11	管理费用		
12	财务费用		
13	三、营业利润（亏损以"－"号填列）		
14	加：营业外收益		
15	减：营业外支出		
16	四、利润总额（亏损总额以"－"号填列）		
17	减：所得税费用		
18	五、净利润（净亏损以"－"号填列）		

2.9.2 定义公式，设置利润表模板

1. 计算本季度数

本季度相应数据的计算，公式定义如表 2.9.2 所示。

表 2.9.2 "利润表"本季度数计算公式

单元格	公式
B4（主营业务收入）	=IF(ISNA(VLOOKUP("主营业务收入",发生额及余额表!B:G,6,0)),0,VLOOKUP("主营业务收入",发生额及余额表!B:G,6,0))
B5（主营业务成本）	=IF(ISNA(VLOOKUP(6401,发生额及余额表!A:F,6,0)),0,VLOOKUP(6401,发生额及余额表!A:F,6,0))
B6（主营业务税金及附加）	=IF(ISNA(VLOOKUP("主营业务税金及附加",发生额及余额表!B:F,5,0)),0,VLOOKUP("主营业务税金及附加",发生额及余额表!B:F,5,0))
B7（主营业务利润）	=B4－B5－B6
B8（其他业务收入）	=IF(ISNA(VLOOKUP("其他业务收入",发生额及余额表!B:G,6,0)),0,VLOOKUP("其他业务收入",发生额及余额表!B:G,6,0))
B9（其他业务成本）	=IF(ISNA(VLOOKUP("其他业务成本",发生额及余额表!B:F,5,0)),0,VLOOKUP("其他业务成本",发生额及余额表!B:F,5,0))
B10（销售费用）	=IF(ISNA(VLOOKUP("销售费用",发生额及余额表!B:F,5,0)),0,VLOOKUP("销售费用",发生额及余额表!B:F,5,0))
B11（管理费用）	=IF(ISNA(VLOOKUP("管理费用",发生额及余额表!B:F,5,0)),0,VLOOKUP("管理费用",发生额及余额表!B:F,5,0))
B12（财务费用）	=IF(ISNA(VLOOKUP("财务费用",发生额及余额表!B:F,5,0)),0,VLOOKUP("财务费用",发生额及余额表!B:F,5,0))
B13（营业利润）	=B7＋B8－B9－B10－B11－B12
B14（营业外收益）	=IF(ISNA(VLOOKUP("营业外收入",发生额及余额表!B:G,6,0)),0,VLOOKUP("营业外收入",发生额及余额表!B:G,6,0))",Sheet2!$A$3:$D$99,4,0)),0,VLOOKUP("投资收益",Sheet2!$A$3:$D$99,4,0))
B15（营业外支出）	=SUMIF(发生额及余额表!B:B,"营业外支出",发生额及余额表!F:F)
B16（利润总额）	=B13＋B14－B15
B17（所得税费用）	=IF(ISNA(VLOOKUP("所得税费用",发生额及余额表!B:F,5,0)),0,VLOOKUP("所得税费用",发生额及余额表!B:F,5,0))
B18（净利润）	=B16－B17

公式说明：在计算各科目本季度数时，是根据工作表"发生额及余额表"中对应数据计算的。计算损益类科目的本季度发生额，是根据贷方发生额计算的；对成本费用类科目，则是根据借方发生额计算的。

另外，对科目"营业外支出"，在模板设置时用的函数是SUMIF()函数，是因为该科目在汇总时，是按照两个科目进行的，分别是：营业外支出和营业外支出－罚款支出。一级科目下核算的是原始数据里处理固定资产的损失额；二级科目下核算的是企业的罚款支出。因此，营业外支出是两笔费用之和，需要用SUMIF()函数计算。而其他科目只需要按照一级科目查找引用即可，使用VLOOKUP()函数即可实现。

2. 计算本年累计

本年累计的金额是期初数＋本季度发生额，因此期末相应数据的计算，公式定义如表2.9.3所示。

表 2.9.3 "利润表"本年累计计算公式

单元格	公式
C4（主营业务收入）	＝B4+IF(ISNA(VLOOKUP("主营业务收入",发生额及余额表! B:E,4,0)),0,VLOOKUP("主营业务收入",发生额及余额表! B:E,4,0))
C5（主营业务成本）	＝B5+IF(ISNA(VLOOKUP(6401,发生额及余额表! A:E,5,0)),0,VLOOKUP(6401,发生额及余额表! A:E,5,0))
C6（主营业务税金及附加）	＝B6+IF(ISNA(VLOOKUP("主营业务税金及附加",发生额及余额表! B:E,4,0)),0,VLOOKUP("主营业务税金及附加",发生额及余额表! B:E,4,0))
C7（主营业务利润）	＝C4−C5−C6
C8（其他业务收入）	＝B8+IF(ISNA(VLOOKUP("其他业务收入",发生额及余额表! B:E,4,0)),0,VLOOKUP("其他业务收入",发生额及余额表! B:E,4,0))
C9（其他业务成本）	＝B9+IF(ISNA(VLOOKUP("其他业务成本",发生额及余额表! B:E,4,0)),0,VLOOKUP("其他业务成本",发生额及余额表! B:E,4,0))
C10（销售费用）	＝B10+IF(ISNA(VLOOKUP("销售费用",发生额及余额表! B:E,4,0)),0,VLOOKUP("销售费用",发生额及余额表! B:E,4,0))
C11（管理费用）	＝B11+IF(ISNA(VLOOKUP("管理费用",发生额及余额表! B:E,4,0)),0,VLOOKUP("管理费用",发生额及余额表! B:E,4,0))
C12（财务费用）	＝B12+IF(ISNA(VLOOKUP("财务费用",发生额及余额表! B:E,4,0)),0,VLOOKUP("财务费用",发生额及余额表! B:E,4,0))
C13（营业利润）	＝C7+C8−C9−C10−C11−C12
C14（营业外收益）	＝B14+IF(ISNA(VLOOKUP("营业外收入",发生额及余额表! B:E,4,0)),0,VLOOKUP("营业外收入",发生额及余额表! B:E,4,0))
C15（营业外支出）	＝B15+SUMIF(发生额及余额表! B:B,"营业外支出",发生额及余额表! E:E)
C16（利润总额）	＝C13+C14−C15
C17（所得税费用）	＝B17+IF(ISNA(VLOOKUP("所得税费用",发生额及余额表! B:E,4,0)),0,VLOOKUP("所得税费用",发生额及余额表! B:E,4,0))
C18（净利润）	＝C16−C17

2.9.3 得到第四季度利润表

根据输入公式，得到第四季度利润表，如图2.9.1所示。

	A	B	C
1	利润表		
2	编制单位：天科实业公司　　2016年12月31日		单位：元
3	项目	本季度数	本年累计
4	一、主营业务收入	2418675	
5	减：主营业务成本	1312441.5	
6	主营业务税金及附加	0	
7	二、主营业务利润	1106233.5	
8	加：其他业务收入	12000	
9	减：其他业务成本	0	
10	销售费用	27000	
11	管理费用	45291.8	
12	财务费用	500	
13	三、营业利润（亏损以"-"号填列）	1045441.7	
14	加：营业外收益	0	
15	减：营业外支出	12400	
16	四、利润总额（亏损总额以"-"号填列）	1033041.7	
17	减：所得税费用	243560.4	
18	五、净利润（净亏损以"-"号填列）	789481.3	

图 2.9.1　利润表

根据资产负债表，本季度产生的本年利润没有进行分配，未分配利润余额是：789481.3 ，单位为元；根据利润表，本季度产生的净利润是：789481.3 元。两者相等。

注意：由于本例中，我们没有设置第三季度利润表，因而，无法计算第四季度本年累计金额，在会计核算实务中，第四季度本年累计金额，等于本季度数加上第三季度本年累计金额。

学习任务 2.10　编制第四季度现金流量表

任务引入：根据任务 2.2 中天科实业公司的经济业务，编制现金流量表。要求通过函数设置，自动计算第四季度现金流量表相应数据。

解决思路：根据会计核算，绘制现金流量表格式，然后根据天科实业公司第四季度序时账，在利润表相应单元格，输入合适的函数或公式，自动计算本季度相应现金流量数据。

任务解决：

双击工作簿"会计核算系统"，将其激活。然后单击"插入工作表"按钮，插入一张工作表，并命名为：现金流量表。

2.10.1　绘制利润表格式

单击工作表标签"利润表"，然后绘制利润表格式，如表 2.10.1 所示。

表 2.10.1 现金流量表格式

	A	B	C
1	现金流量表		
2	编制单位:天科实业公司　　2016年12月31日　单位:元		
3	项目	本期金额	上期金额
4	一、经营活动产生的现金流量		
5	销售商品、提供劳务收到的现金		
6	收到的税费返还		
7	收到的其他与经营活动有关的现金		
8	经营活动现金流入小计		
9	购买商品、接受劳务支付的现金		
10	支付给职工以及为职工支付的现金		
11	支付的各项税费		
12	支付的其他与经营活动有关的现金		
13	经营活动现金流出小计		
14	经营活动产生的现金净流量		
15	二、投资活动产生的现金流量		
16	收回投资收到的现金		
17	取得投资收益收到的现金		
18	处置固定资产、无形资产和其他长期资产收回的现金净额		
19	处置子公司及其他营业单位收到的现金净额		
20	收到的其他与投资活动有关的现金		
21	投资活动现金流入小计		
22	购建固定资产、无形资产和其他长期资产支付的现金		
23	投资支付的现金		
24	取得子公司及其他营业单位支付的现金净额		
25	支付的其他与投资活动有关的现金		
26	投资活动现金流出小计		
27	投资活动产生的现金流量净额		
28	三、筹资活动产生的现金流量		
29	吸收投资收到的现金		
30	取得借款收到的现金		
31	收到的其他与筹资活动有关的现金		

	A	B	C
32	筹资活动现金流入小计		
33	偿还债务支付的现金		
34	分配股利、利润或偿还利息支付的现金		
35	支付的其他与筹资活动有关的现金		
36	筹资活动现金流出小计		
37	筹资活动产生的现金流量净额		
38	四、汇率变动对现金及现金等价物的影响		
39	五、现金及现金等价物净增加额		
40	加：期初现金及现金等价余额		
41	六、期末现金及现金等价物余额		

2.10.2 定义公式，设置现金流量表模板

1. 计算本期金额

本期金额相应数据的计算，公式定义如表 2.10.2 所示。

表 2.10.2 "利润表"本季度数计算公式

单元格	公式
B5（销售商品、提供劳务收到的现金）	=SUMIF('填制凭证(序时账)'! K:K,TRIM(现金流量表! A5),'填制凭证(序时账)'! L:L)
B6（收到的税费返还）	=SUMIF('填制凭证(序时账)'! K:K,TRIM(现金流量表! A6),'填制凭证(序时账)'! L:L)
B7（收到的其他与经营活动有关的现金）	=SUMIF('填制凭证(序时账)'! K:K,TRIM(现金流量表! A7),'填制凭证(序时账)'! L:L)
B8（经营活动现金流入小计）	=SUM(B5:B7)
B9（购买商品、接受劳务支付的现金）	=SUMIF('填制凭证(序时账)'! K:K,TRIM(现金流量表! A9),'填制凭证(序时账)'! M:M)
B10（支付给职工以及为职工支付的现金）	=SUMIF('填制凭证(序时账)'! K:K,TRIM(现金流量表! A10),'填制凭证(序时账)'! M:M)
B11（支付的各项税费）	=SUMIF('填制凭证(序时账)'! K:K,TRIM(现金流量表! A11),'填制凭证(序时账)'! M:M)
B12（支付的其他与经营活动有关的现金）	=SUMIF('填制凭证(序时账)'! K:K,TRIM(现金流量表! A12),'填制凭证(序时账)'! M:M)
B13（经营活动现金流出小计）	=SUM(B9:B12)

续表

单元格	公式
B14(经营活动产生的现金净流量)	=B8－B13
B16(收回投资收到的现金)	=SUMIF('填制凭证(序时账)'!K:K,TRIM(现金流量表!A16),'填制凭证(序时账)'!L:L)
B17(取得投资收益收到的现金)	=SUMIF('填制凭证(序时账)'!K:K,TRIM(现金流量表!A17),'填制凭证(序时账)'!L:L)
B18(处置固定资产、无形资产和其他长期资产收回的现金净额)	=SUMIF('填制凭证(序时账)'!K:K,TRIM(现金流量表!A18),'填制凭证(序时账)'!L:L)
B19(处置子公司及其他营业单位收到的现金净额)	=SUMIF('填制凭证(序时账)'!K:K,TRIM(现金流量表!A19),'填制凭证(序时账)'!L:L)
B20(收到的其他与投资活动有关的现金)	=SUMIF('填制凭证(序时账)'!K:K,TRIM(现金流量表!A20),'填制凭证(序时账)'!L:L)
B21(投资活动现金流入小计)	=SUM(B16:B20)
B22(购建固定资产、无形资产和其他长期资产支付的现金)	=SUMIF('填制凭证(序时账)'!K:K,TRIM(现金流量表!A22),'填制凭证(序时账)'!M:M)
B23(投资支付的现金)	=SUMIF('填制凭证(序时账)'!K:K,TRIM(现金流量表!A23),'填制凭证(序时账)'!M:M)
B24(取得子公司及其他营业单位支付的现金净额)	=SUMIF('填制凭证(序时账)'!K:K,TRIM(现金流量表!A24),'填制凭证(序时账)'!M:M)
B25(支付的其他与投资活动有关的现金)	=SUMIF('填制凭证(序时账)'!K:K,TRIM(现金流量表!A25),'填制凭证(序时账)'!M:M)
B26(投资活动现金流出小计)	=SUM(B22:B25)
B27(投资活动产生的现金流量净额)	=B21－B26
B29(吸收投资收到的现金)	=SUMIF('填制凭证(序时账)'!K:K,TRIM(现金流量表!A29),'填制凭证(序时账)'!L:L)
B30(取得借款收到的现金)	=SUMIF('填制凭证(序时账)'!K:K,TRIM(现金流量表!A30),'填制凭证(序时账)'!L:L)
B31(收到的其他与筹资活动有关的现金)	=SUMIF('填制凭证(序时账)'!K:K,TRIM(现金流量表!A31),'填制凭证(序时账)'!L:L)
B32(筹资活动现金流入小计)	=SUM(B29:B31)
B33(偿还债务支付的现金)	=SUMIF('填制凭证(序时账)'!K:K,TRIM(现金流量表!A33),'填制凭证(序时账)'!M:M)
B34(分配股利、利润或偿还利息支付的现金)	=SUMIF('填制凭证(序时账)'!K:K,TRIM(现金流量表!A34),'填制凭证(序时账)'!M:M)

续表

单元格	公式
B35（支付的其他与筹资活动有关的现金）	=SUMIF('填制凭证（序时账）'!K:K,TRIM(现金流量表!A35),'填制凭证（序时账）'!M:M)
B36（筹资活动现金流出小计）	=SUM(B33:B35)
B37（筹资活动产生的现金流量净额）	=B32-B36
B38（汇率变动对现金及现金等价物的影响）	=SUMIF('填制凭证（序时账）'!K:K,"汇率变动对现金及现金等价物的影响",'填制凭证（序时账）'!L:L)
B39（现金及现金等价物净增加额）	=SUMIF('填制凭证（序时账）'!K:K,"现金及现金等价物净增加额",'填制凭证（序时账）'!L:L)
B40（期初现金及现金等价余额）	=SUMIF(基础设置!B:B,"库存现金",基础设置!E:E)+SUMIF(基础设置!B:B,"银行存款",基础设置!E:E)
B41（期末现金及现金等价物余额）	=B14+B27+B37+B38+B39+B40

2. 得到第四季度现金流量表

公式输入完毕，得到第四季度现金流量表，分别如图2.10.1、图2.10.2所示。

	A	B	C	D
1			现金流量表	
2				
3	编制单位：天科实业公司		2016年12月31日	单位：元
4		项目	本期金额	上期金额
5	一、经营活动产生的现金流量			
6		销售商品、提供劳务收到的现金	3923099.51	
7		收到的税费返还	0	
8		收到的其他与经营活动有关的现金	12000	
9		经营活动现金流入小计	3935099.51	
10		购买商品、接受劳务支付的现金	168410.8	
11		支付给职工以及为职工支付的现金	248765.12	
12		支付的各项税费	243560.4	
13		支付的其他与经营活动有关的现金	11600	
14		经营活动现金流出小计	672336.32	
15		**经营活动产生的现金净流量**	**3262763.19**	
16	二、投资活动产生的现金流量			
17		收回投资收到的现金	0	
18		取得投资收益收到的现金	0	
19		处置固定资产、无形资产和其他长期资产收回的现金净额	1000	
20		处置子公司及其他营业单位收到的现金净额	0	
21		收到的其他与投资活动有关的现金	0	

图2.10.1 现金流量表（部分1）

说明：同样由于本例中没有设置第三季度现金流量表，因此，在第四季度现金流量表中，只能计算本期金额，没有上期金额。在会计核算实务中，上期金额，直接用等号，引用第三季度相应项目的本期金额，即可得到。

	A	B	C	D
22		投资活动现金流入小计	1000	
23		购建固定资产、无形资产和其他长期资产支付的现金	17550	
24		投资支付的现金	190000	
25		取得子公司及其他营业单位支付的现金净额	0	
26		支付的其他与投资活动有关的现金	0	
27		投资活动现金流出小计	207550	
28		**投资活动产生的现金流量净额**	**−206550**	
29	三、	筹资活动产生的现金流量		
30		吸收投资收到的现金	0	
31		取得借款收到的现金	80000	
32		收到的其他与筹资活动有关的现金	0	
33		筹资活动现金流入小计	80000	
34		偿还债务支付的现金	600000	
35		分配股利、利润或偿还利息支付的现金	0	
36		支付的其他与筹资活动有关的现金	0	
37		筹资活动现金流出小计	600000	
38		**筹资活动产生的现金流量净额**	**−520000**	
39	四、	汇率变动对现金及现金等价物的影响	0	
40	五、	现金及现金等价物净增加额	0	
41		加：期初现金及现金等价余额	10006000	
42	六、	**期末现金及现金等价物余额**	**12542213.19**	

图 2.10.2 现金流量表(部分 2)

参考文献

[1] 钟爱民,李良敏,刘静.Excel 在会计中的应用[M].武汉:武汉大学出版社,2011.

[2] 宋传联,于书宝,陆丝.基于 Excel 应用的会计实务[M].北京:机械工业出版社,2012.

[3] 崔婕,姬昂,崔杰.Excel 财务会计实战应用[M].北京:清华大学出版社,2016.

[4] 神龙工作室.Excel 在会计与财务管理日常工作中的应用[M].北京:人民邮电出版社,2010.

[5] 韩新荣.Excel 在会计与财务管理中的应用[M].2 版.北京:人民邮电出版社,2014.

[6] 赵艳莉,耿聪慧,郭建军,等.Excel 2016 在会计工作中的应用[M].北京:中国水利水电出版社,2017.